IMPULS
VERLAG

Copyright:

1. Auflage
Deutschsprachige Erstausgabe,

ISBN: 978-3-911368-54-4

Aus Gründen der Lesbarkeit wird geschlechtsneutral formuliert. Sämtliche Personenbezeichnungen gelten gleichermaßen für alle Geschlechter.

Schultüten detektive

Ein Abenteuerbuch
für kleine Schulanfänger:
spannende Geschichten voller
Rätsel, Mut und Freundschaft
zum Schulstart

Buchsatz: Marie Welsche

Dieses Buch für stolze große Schulanfänger gehört:

Inhaltsverzeichnis

Der erste Schultag und das geheime Zeichen

Du bist sicher schon ganz aufgeregt, oder? Heute startet dein allererstes Schuljahr und damit beginnt für dich ein neues Kapitel voller spannender Erlebnisse. Vielleicht fragst du dich, was dich in der Schule erwartet: neue Freunde, fremde Räume, lustige Lehrerinnen und Lehrer – und natürlich jede Menge Überraschungen. Genau darum soll es in diesem Buch gehen: um Überraschungen, Mut, Freundschaft und kleine Rätsel, die dir zeigen, wie viel Freude das Lernen und Entdecken in deinem neuen Alltag bringen kann.

In unserer Geschichte spielst du eine ganz besondere Rolle. Du heißt **Jonas** und bist sechs Jahre alt. Dein Ranzen ist fast größer als du selbst und in deiner Hand hältst du stolz eine bunte Schultüte, prall gefüllt mit kleinen Naschereien und Geschenken. Vielleicht raschelt es in deiner Schultüte, wenn du sie bewegst. Vielleicht hast du schon versucht, heimlich hineinzugucken, aber deine Eltern haben gemeint, du sollst dich noch ein wenig gedulden. Schon bald wirst du merken, dass nicht nur in deiner Schultüte, sondern auch in deiner Schule einige Überraschungen auf dich warten!

Mach dich bereit, Jonas: Dein erstes Abenteuer als frischgebackener Erstklässler beginnt genau jetzt!

Der große Morgen: Aufbruch in eine neue Welt

Es ist früher Morgen, die Sonne schickt erste warme Strahlen durch dein Fenster und dein Wecker klingelt lauter als je zuvor. Du reibst dir die Augen, spürst diese prickelnde Aufregung im Bauch und hüpfst aus dem Bett. Endlich ist er da: dein erster Schultag!

Während du frühstückst, flattern dir tausend Gedanken durch den Kopf. Wie wird deine Klasse aussehen? Wirst du nette Mitschülerinnen und Mitschüler treffen? Wirst du alles finden, was du brauchst? Tausend Fragen – doch du bist entschlossen, diesen Tag mit einem Lächeln zu beginnen.

Deine Eltern sind genauso aufgeregt wie du, das merkst du an ihrer Stimme. Obwohl sie lächeln, kannst du spüren, dass sie ein bisschen Wehmut empfinden. Ihr kleiner Jonas wird groß, denken sie vielleicht.

Aber du hast keine Zeit für Wehmut: Du schlüpfst in deine Schuhe, setzt den nagelneuen Ranzen auf und nimmst deine bunte Schultüte an dich, die leicht knistert. Noch kurz winkst du deinem Kuscheltier zu, das du zu Hause lässt. Keine Sorge, die Schule wird mindestens so spannend wie deine Träume.

Gemeinsam mit deinen Eltern machst du dich auf den Weg. Je näher ihr der Schule kommt, desto lauter wird das Gemurmel und Gelächter von anderen Kindern und Familien, die ebenfalls ihren ersten Schultag feiern. Vor dem großen, roten Schulgebäude siehst du Luftballons, ein langes Transparent mit der Aufschrift

Willkommen in der 1. Klasse!

und jede Menge bunter Ranzen. Alle wirken gespannt, vielleicht auch ein bisschen nervös.

Du atmest tief durch, steigst die wenigen Treppenstufen hinauf, betrittst das Schulgelände und spürst den aufregenden Zauber dieses Moments. Ab heute bist du ein Schulkind, Jonas!

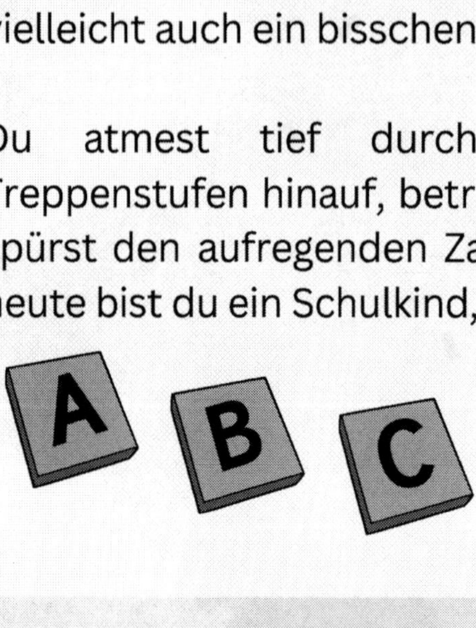

Der neue Klassenraum und eine erste Überraschung

Kaum seid ihr im Schulflur, werdet ihr von einer sympathisch aussehenden Lehrerin empfangen. Sie hat eine lange, fröhliche Kette mit kleinen Anhängern um den Hals und strahlt über das ganze Gesicht. „Guten Morgen!“, ruft sie. „Ich bin eure Klassenlehrerin, Frau Winter. Ich freue mich sehr, euch alle heute kennenzulernen!“

Du nickst schüchtern, doch ihre freundliche Art macht es dir leicht, dich willkommen zu fühlen. Zusammen mit einigen anderen Kindern folgst du Frau Winter in euer Klassenzimmer. Deine Eltern bleiben noch kurz mit an der Tür stehen, doch sie lassen dir den Raum, alles in Ruhe zu erkunden.

Der Klassenraum ist hell und hat große Fenster. An den Wänden hängen bunte Poster mit Zahlen, Buchstaben und fröhlichen Zeichnungen. Auf den Tischen steht jeweils ein kleines Namensschild und du entdeckst rasch deines: „Jonas“. Daneben sitzt schon ein Junge mit wuscheligen Haaren, der dich neugierig ansieht. „Hi, ich bin Noah“, begrüßt er dich. Du setzt dich neben ihn und merkst sofort, dass auch er mindestens genauso nervös ist wie du.

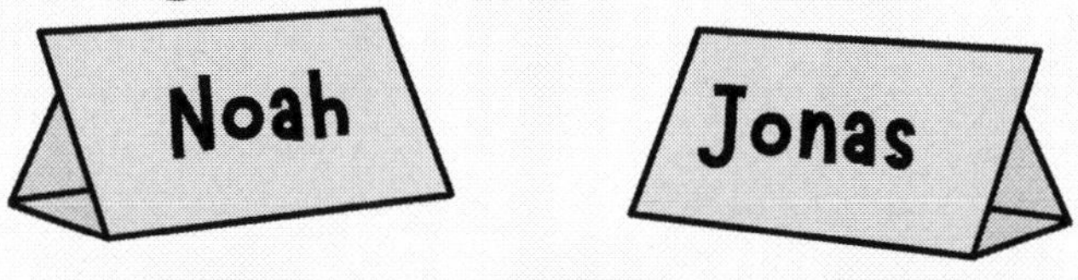

Nach einer kurzen Begrüßungsrunde dürfen alle Erstklässlerinnen und Erstklässler ihre Schultüten öffnen. Während du vorsichtig das Papier beiseiteschiebst, entdeckst du Süßigkeiten, bunte Stifte und ein kleines Notizbuch. Auf dem Umschlag des Notizbuchs prangt eine kleine Lupe – fast wie bei einem Detektiv. Das bringt dich zum Schmunzeln, denn du hast schon immer gerne Detektivgeschichten gelesen oder gehört. Noah ist total begeistert von seinen neuen Stiften, die in allen Regenbogenfarben leuchten.

Deine Eltern verabschieden sich nun, nachdem sie kurz geholfen haben, die Schultüten zu verstauen. „Wir sehen uns später, Jonas“, sagen sie leise. Du winkst und fühlst ein Kribbeln im Bauch: Nun geht das Abenteuer so richtig los.

„Als Erstes möchte ich euch unsere Schule zeigen“, erklärt Frau Winter. „Folgt mir in den Flur. Dort beginnen wir unseren kleinen Rundgang.“

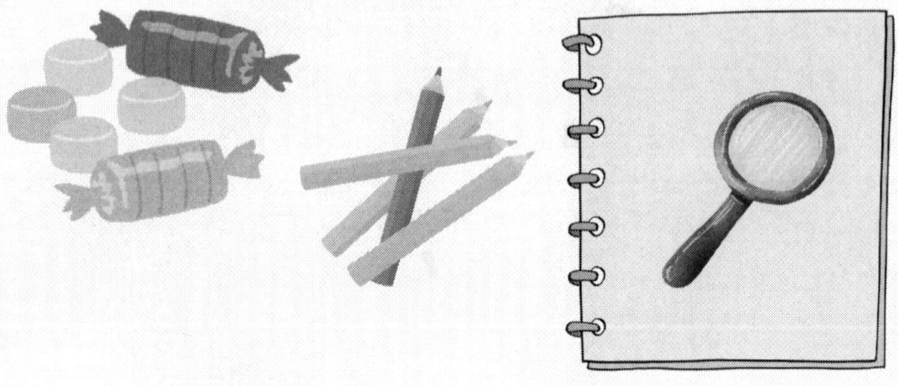

Du und die anderen Kinder stehen auf. Zusammen wandert ihr zurück in den Schulflur. Frau Winter zeigt euch auf der einen Seite die Toilette und auf der anderen Seite das Büro der Schulleiterin. Ihr geht weiter, seht die Turnhalle durch eine Doppeltür und schließlich kommt ihr an einer langen Wand mit Bildern und Symbolen vorbei.

Hier entdeckt ihr einige bunte Gemälde: einen riesigen gelben Stern, ein rotes Herz, eine kleine Eule mit einer Brille und ein hellblaues Buch. Überall sind Zeichnungen verteilt, die vermutlich ältere Schülerinnen und Schüler angefertigt haben. Alles wirkt fröhlich und bunt – aber du hast das Gefühl, irgendetwas Ungewöhnliches schimmert dir entgegen.

„War das ein grüner Fußabdruck?“, flüsterst du. Tatsächlich glaubst du, weiter hinten an der Wand, zwischen den Bildern, einen grünen Fuß entdeckt zu haben. Doch als ihr näher herankommt, lenkt Frau Winter eure Aufmerksamkeit auf ein anderes Plakat. Sie erklärt, dass hier die Regeln der Schule stehen und welche AGs angeboten werden. Der mögliche grüne Fuß gerät erstmal in Vergessenheit.

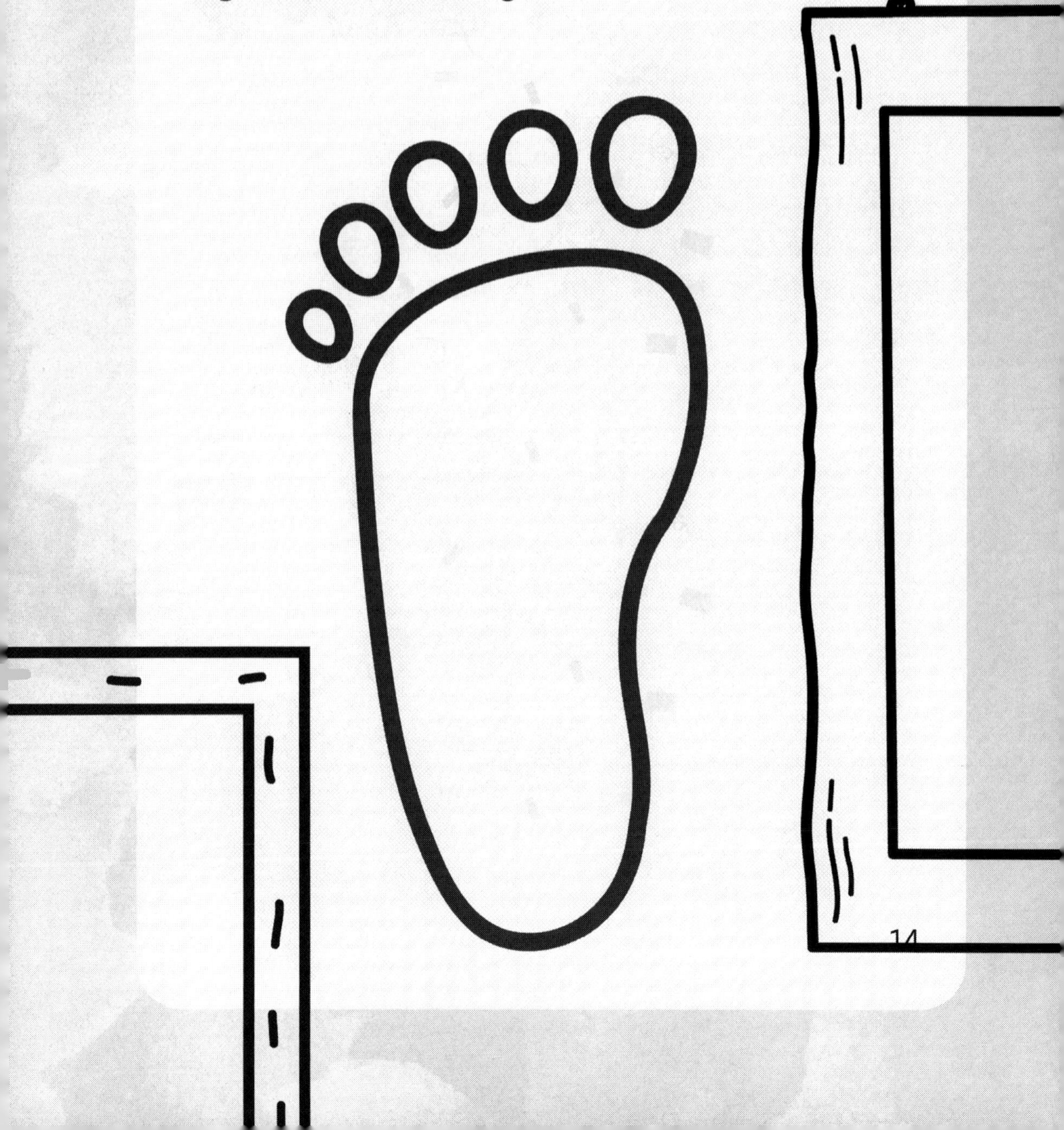

Eine geheimnisvolle Entdeckung

Später, als ihr nach dem Rundgang wieder im Klassenzimmer seid, sitzt du an deinem Platz und denkst an diesen leuchtend grünen Fleck, den du kurz gesehen hast. War das wirklich ein Fußabdruck? Oder hast du dich nur getäuscht?

Noah beugt sich zu dir herüber und flüstert: „Hey, Jonas, hast du eben auch etwas Grünes an der Wand gesehen?“ Er hat anscheinend die gleiche Entdeckung gemacht. Du nickst, ganz leise, damit Frau Winter es nicht mitbekommt.

In der nächsten Pause hältst du es kaum aus. Du willst unbedingt zurück an diese Wand, um dein Rätsel zu lösen. „Komm mit, Noah!“, raunst du ihm zu. Ihr schnappt euch eure Pausenbrote und schleicht leise aus dem Klassenraum. Draußen sind viele Kinder unterwegs, alle erkunden die Schule oder spielen im Hof. Du und Noah huscht durch den Flur, wo sich eben noch eure Klasse gesammelt hatte.

Und tatsächlich: Da ist er – ein kleiner, grüner Fußabdruck, direkt auf der weißen Wand zwischen dem Bild einer Eule und einem gelben Stern. Er ist nicht sehr groß, ungefähr so groß wie eine Kinderhand. Aber er ist eindeutig in Fußform und wirkt wie aufgedruckt. Du berührst ihn vorsichtig mit deinem Zeigefinger. Ein wenig grüne Farbe bleibt daran kleben.

„Jemand muss das erst vor Kurzem gemacht haben“, stellt Noah fest und blickt sich um. „Meinst du, dass es ein Streich ist? Oder ein Hinweis?“

Dein Herz klopft. Du warst schon immer neugierig und hast ein Faible für Detektivgeschichten. Du stellst dir vor, dass irgendwo ein geheimer Gang in der Schule versteckt sein könnte, den man nur findet, wenn man bestimmten Zeichen folgt. Oder vielleicht ist es ein älteres Kind, das euch Erstklässler auf eine Schnitzeljagd schicken will.

Gemeinsam schaut ihr euch die anderen Symbole an der Wand genauer an: Da ist ein buntes Sammelsurium aus einer roten Blume, einem orangen Schmetterling und einem blauen Schirm. Doch keins dieser Zeichen ist so auffällig wie dieser leuchtend grüne Fußabdruck.

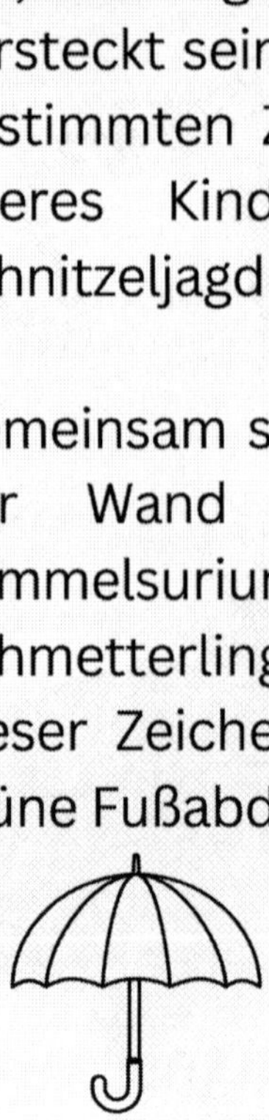
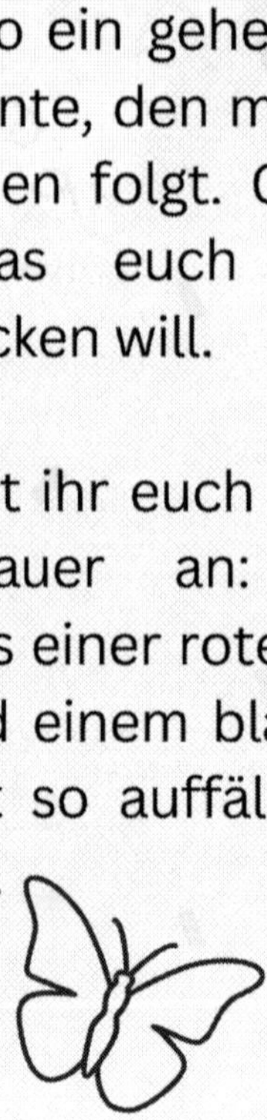
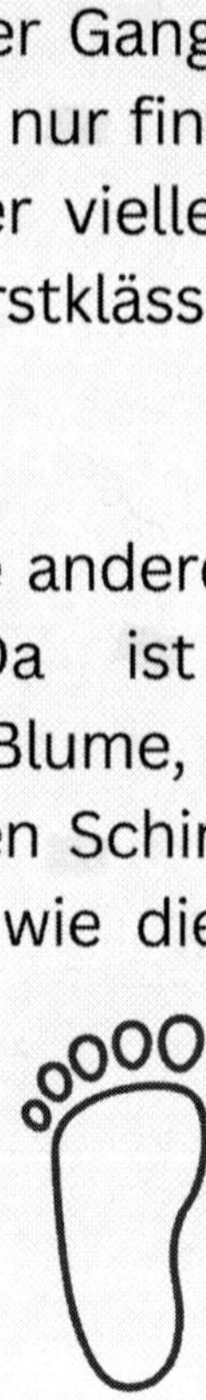
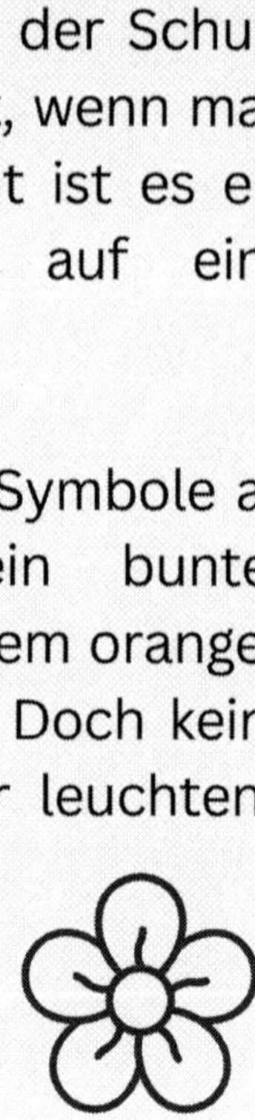

„Ich habe da eine Idee“, sagst du plötzlich. „Vielleicht könnten wir so eine Art Detektivteam aufmachen, um herauszufinden, was es mit dem Abdruck auf sich hat. Wir nennen uns...

die Schultütendetektive!“

Noah fängt an zu kichern. „Schultütendetektive? Das klingt lustig! Aber warum nicht? Wir haben unsere Schultüten gerade erst geleert und wir sind neu hier. Warum sollten wir nicht auch Detektive sein?“

Schon bildest du dir im Kopf die tollsten Abenteuer aus: Ihr werdet Hinweise finden, andere Spuren folgen und am Ende ein Geheimnis lüften, das nur ihr beiden lösen könnt. Doch das Bäuchlein knurrt: Du hast bisher nur wenig von deinem Pausenbrot gegessen. Also beschließt ihr, in die Pause zurückzukehren.

Der Plan der Schultütendetektive

Nach dem Unterricht – die letzten Minuten vergingen wie im Flug – wartet Noah noch vor der Klasse auf dich, bevor ihr euch auf den Heimweg macht. „Wollen wir uns morgen früh ein bisschen eher treffen und nochmal schauen, ob wir irgendwo einen zweiten oder dritten Abdruck entdecken?“ schlägt er vor. Du nickst begeistert.

Als du zu Hause angekommen bist, erzählst du deiner Mama begeistert von dem Schultag, von Frau Winter und Noah – doch das grüne-Abdruck-Geheimnis behältst du erstmal für dich. Es fühlt sich an, als wäre es euer geheimer Auftrag. Und genau das macht es doppelt so spannend!

In der Nacht schläfst du unruhig, weil du von Fußspuren und geheimnisvollen Fluren träumst. Mal sind es Gummistiefel, mal klackern hohe Absätze über den Boden, dann wieder siehst du Turnschuhe. Zwischen all den Abdrücken taucht der grüne Fußabdruck auf, fast so, als würde er dich rufen. Dann wachst du auf und merkst, dass dein Herz klopft. Du bist froh, dass es nur ein Traum war und gleichzeitig kannst du es kaum erwarten, wieder in die Schule zu gehen.

Auf der Spur des grünen Fußes

Am nächsten Morgen bist du schon früh wach. Du frühstückst, packst rasch deinen Ranzen und machst dich auf den Weg zur Schule. Mit jedem Schritt steigert sich deine Vorfreude: Wird der grüne Abdruck noch dort sein? Hat ihn jemand bemerkt und weggewischt? Hast du vielleicht gestern etwas übersehen?

Vor dem Schultor triffst du auf Noah, der ebenfalls aufgeregt hin- und hertänzelt. „Los, wir müssen nachschauen, bevor es klingelt!“, flüstert er. Ihr rennt gemeinsam durch den Eingangsbereich und seht zum Glück, dass die Schule schon für alle geöffnet ist. Kein Lehrer und keine Lehrerin hält euch auf, denn ihr seht aus wie zwei ganz normale Erstklässler, die sich einfach nur umschauen wollen.

Ihr eilt zu der Stelle, an der ihr den Fußabdruck entdeckt habt. Tatsächlich ist er noch da! Doch diesmal fällt euch auf, dass direkt daneben ein zweiter, kleiner Fleck zu sehen ist. Er sieht aus wie ein strichförmiger Abdruck, vielleicht von einer schmalen Sohle. „Das ist neu!“, stellt Noah fest. „Gestern war hier nur ein einziger Abdruck.“

Du gehst in die Hocke und beäugst den zweiten Fleck sorgfältig. Er ist fast unscheinbar, aber eindeutig dieselbe grüne Farbe. Hat der- oder diejenige gestern etwas hinzugefügt? Oder ist es einfach ein Farbklecks, der sich abgesetzt hat?

„Vielleicht finden wir mehr Spuren", schlägst du vor. Ihr schaut nach oben, unten, links und rechts, doch keine weitere grüne Farbe ist zu erkennen. Nur diese zwei seltsamen Abdrücke. Ihr fragt euch, ob ihr eure Klassenlehrerin in das Geheimnis einweihen sollt. Aber irgendwie wollt ihr beide das Rätsel lieber selbst lösen.

Neue Freunde für das Detektivteam

Kaum seid ihr im Klassenzimmer, erzählt ihr einer Klassenkameradin davon. Sie heißt Clara und sitzt in der Reihe hinter euch. Als sie das Wort „Detektivteam“ hört, spitzt sie ihre Ohren. „Das klingt super, ich bin gerne dabei!“, sagt sie. „Ich habe zu Hause ganz viele Detektivbücher gelesen. Vielleicht kann ich euch helfen.“

So wächst euer Team am zweiten Schultag um eine Mitstreiterin. „Schultütendetektive“, wiederholt Clara grinsend. „Ein witziger Name!“ Dann schaut sie prüfend zu den bunten Schultüten, die noch aufgereiht im Klassenraum stehen. Manche Kinder haben ihre Tüten schon mit nach Hause genommen, aber ihr habt sie noch zur Deko dagelassen.

Ihr drei tauscht heimlich Blicke. Alle sind fest entschlossen, das Rätsel zu knacken. Doch ihr wisst noch nicht, ob ihr alle Spuren alleine findet. Clara hat eine Idee: „Ich könnte meine große Schwester Sarah fragen. Sie ist schon in der dritten Klasse und kennt die Schule gut. Vielleicht hat sie so etwas Ähnliches schon gesehen.“

Noah und du seid euch zunächst unsicher, ob ihr diese Information teilen wollt. Aber Clara versichert euch, dass Sarah total nett ist und gut schweigen kann. Vielleicht kann sie ja klären, ob es dieses Zeichen auch woanders gibt oder ob noch mehr Kinder darauf gestoßen sind.

Das geheime Zeichen sorgt für Aufregung

Nach der zweiten Unterrichtsstunde kommt Sarah tatsächlich kurz zu euch. „Was habt ihr da entdeckt?“, fragt sie leise und blickt in Richtung Wand, wo ihr den Abdruck gesehen habt. Ihr geht mit ihr gemeinsam dorthin – natürlich nur in der Pause. Sarah betrachtet den grünen Fußabdruck und die etwas unscheinbarere grüne Spur daneben. „Komisch“, murmelt sie. „Ich bin schon seit drei Jahren in dieser Schule, aber das habe ich noch nie gesehen. Ob das neu ist?“

Ihr nickt und erzählt ihr, wann ihr es zum ersten Mal bemerkt habt. Sarah reibt sich nachdenklich das Kinn. „Manchmal tauchen in unserer Schule lustige Streiche auf. Letztes Jahr gab es plötzlich bunte Aufkleber in der Mädchentoilette. Aber ein Fußabdruck… das ist schon seltsam. Vielleicht steckt die Kunst-AG dahinter. Die machen öfter verrückte Aktionen.“

Das könnte eine Erklärung sein. Doch ob die Kunst-AG einfach so grünen Fußabdrücke in den Flur setzt, ohne dazu etwas zu sagen? Eigentlich hängen ihre Werke meist an dafür vorgesehenen Stellen oder werden in Glasvitrinen ausgestellt. Ein Fußabdruck mitten an der Wand, ohne Schild oder Erklärung, passt nicht so richtig zu einer offiziellen Kunstaktion.

Sarah zuckt mit den Schultern. „Vielleicht findet ihr raus, wer es war. Ich halte mal die Augen offen und gebe euch Bescheid, wenn ich etwas mitbekomme“, sagt sie und verabschiedet sich dann.

Erste Ermittlungen und ein unerwarteter Hinweis

Gegen Mittag, als ihr schon fast glaubtet, keine weitere Spur mehr zu finden, entdeckt Noah plötzlich einen kleinen Zettel an der Pinnwand im Flur. Dort, wo sonst Nachrichten über Ausflüge oder Elternbriefe hängen, steckt ein handgeschriebener Zettel, nur halb festgepinnt. Du ziehst ihn vorsichtig heraus und liest laut:

**„Du bist auf der richtigen Spur.
Finde mich, dann findest du das Geheimnis!"**

Keine Unterschrift, keine Erklärung. Nur diese mysteriösen Worte in krakeliger Schrift. Sofort pocht dein Herz schneller. „Meint ihr, dieser Zettel hat etwas mit unserem grünen Fußabdruck zu tun?“, fragst du aufgeregt. Clara ist begeistert. „Vielleicht ist das ein Rätselbrief!“, ruft sie. Noah nickt. „Wir sind Schultütendetektive, wir müssen das herausfinden.“

Ihr schaut euch um, aber niemand scheint den Zettel bemerkt zu haben. Solltet ihr ihn zurück an die Pinnwand stecken oder lieber aufheben? Ihr entscheidet euch, ihn vorsichtig einzustecken, um ihn später genauer zu untersuchen.

Ein Rätsel nimmt Gestalt an

Wieder im Klassenzimmer, könnt ihr drei es kaum erwarten, den nächsten Schritt zu machen. Als der Unterricht endet, ist euer Kopf voller Ideen und Fragen: Wer hat diesen Zettel geschrieben? Was für ein Geheimnis könnte es sein? Und warum taucht plötzlich ein grüner Fußabdruck auf?

Nachdem ihr euch voneinander verabschiedet habt, bringt ihr alle Gedanken mit nach Hause. Ihr fühlt euch wie echte Detektive, die einen kniffligen Fall untersuchen: Ihr habt einen ersten Hinweis (den grünen Abdruck) und nun sogar eine geheime Botschaft. Das ist mehr, als manche Detektivgeschichte am Anfang bietet!

Zu Hause versuchst du dir auszumalen, was passieren könnte, wenn ihr tatsächlich den Urheber des grünen Fußabdrucks findet. Vielleicht ist es jemand, der euch zu einem versteckten Schatz führen will? Oder es ist nur ein Spaß, um neue Kinder hereinzulegen? Du hast keine Ahnung, doch gerade das macht es so spannend.

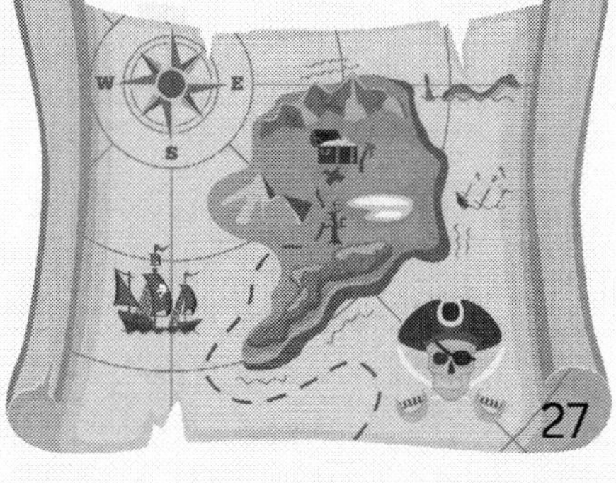

Mitmach-Rätsel: Finde das geheime Zeichen!

Nun bist du gefragt, dein eigenes erstes Rätsel zu lösen. Stell dir vor, du stehst gerade mit Jonas und Noah vor der bunten Wand im Schulflur. An dieser Wand siehst du mehrere Bilder und Symbole. Eines davon ist das geheime Zeichen, das Jonas entdeckt hat. Doch nur wenn du genau hinsiehst, erkennst du, welches Symbol das richtige ist.
Stell dir vor, die Wand zeigt fünf Symbole:

1. Einen **gelben Stern** mit einem lachenden Gesicht
2. Ein **rotes Herz** in glitzernder Farbe
3. Einen **blauen Regenschirm**, der sich leicht zur Seite neigt
4. Einen **grünen Fußabdruck**, klein und deutlich in Fußform
5. Einen **orangefarbenen Schmetterling** mit gemusterten Flügeln

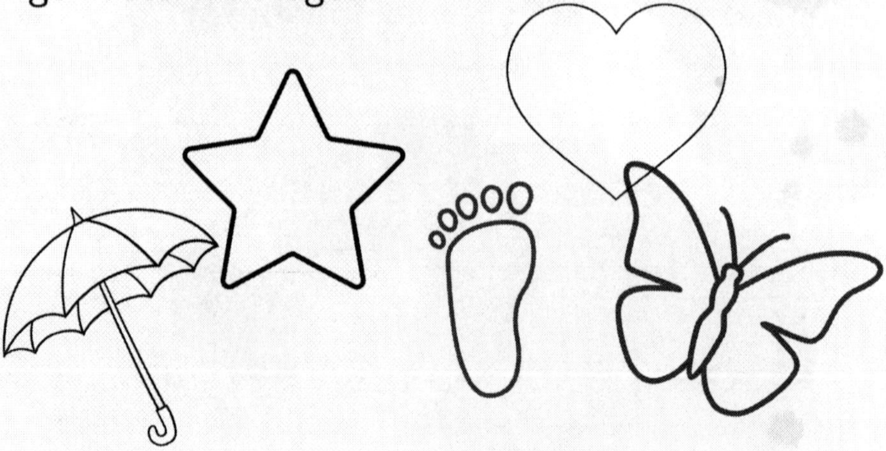

Deine Aufgabe lautet:

**Finde das Symbol,
das den Schultütendetektiven
ihren ersten Hinweis gegeben hat.**

Ist es der gelbe Stern? Das rote Herz? Der blaue Regenschirm? Der grüne Fußabdruck? Oder der orangefarbene Schmetterling?

Natürlich weißt du schon aus unserer Geschichte, dass Jonas und Noah genau an diesem grünen Fußabdruck stehen geblieben sind. Das ist **das geheime Zeichen** – der Startschuss für euer Detektivabenteuer!

Wenn du noch Lust hast, weiterzurätseln, dann male dir auf ein Blatt Papier ruhig selbst eine bunte Wand mit diesen fünf Symbolen. Verstecke den grünen Fußabdruck irgendwo zwischen den anderen Bildern. Zeig es deinen Freunden, Geschwistern oder Eltern und lass sie raten, ob sie das geheime Zeichen finden. Auf diese Weise kannst du ein Stück Detektivarbeit mit nach Hause nehmen.

So beginnt also deine erste Woche in der Schule, Jonas – und du merkst schon, es wird nicht nur ums Lesen, Schreiben und Rechnen gehen. Es gibt Geheimnisse, versteckte Botschaften und seltsame Abdrücke, die nach einer Aufklärung verlangen. Gemeinsam mit deinen Freunden Noah und Clara hast du das Team der Schultütendetektive gegründet und ihr habt bereits den ersten Hinweis gefunden: ein grüner Fußabdruck und eine merkwürdige Botschaft auf einem Zettel.

Was steckt wohl hinter diesen Spuren? Wer hat den Fußabdruck gemalt und wieso gerade in grün? Ist es ein Streich, oder steckt mehr dahinter? Halte deinen Detektivblick offen, behalte deinen Mut und deine Neugier und schon bald wirst du vielleicht das Rätsel um den grünen Fußabdruck lösen. Doch bis dahin heißt es erst einmal: ausruhen, Kraft tanken und morgen wieder bereit sein, wenn es heißt:

„Auf in die Schule, Schultütendetektive,

das nächste Rätsel wartet schon!“

Das verschwundene Pausenbrot

Guten Morgen, du kleiner Schultütendetektiv! Na, hast du gut geschlafen? Vielleicht hat dich gestern Abend noch der Gedanke an den grünen Fußabdruck begleitet, den Jonas und seine Freunde Noah und Clara entdeckt haben. Aber weißt du was? Die Schule ist groß und voller kleiner Geheimnisse – und heute wartet schon das nächste Abenteuer auf dich und die Schultütendetektive.

Du fragst dich, wer diese Schultütendetektive sind? Na, das bist du (alias Jonas) zusammen mit Noah und Clara – drei frischgebackene Erstklässler, die neugierig sind und unbedingt herausfinden wollen, was für Mysterien in ihrer Schule lauern. Ihr habt euch diesen witzigen Namen gegeben, nachdem ihr an eurem ersten Schultag einen grünen Fußabdruck an der Wand entdeckt habt, ohne dass irgendjemand erklären konnte, woher er kam. Ob euch dieses Zeichen weiterhin begleitet? Oder geratet ihr heute in ein ganz anderes Durcheinander? Bist du bereit, erneut in ein spannendes Rätsel einzutauchen? Dann mal los!

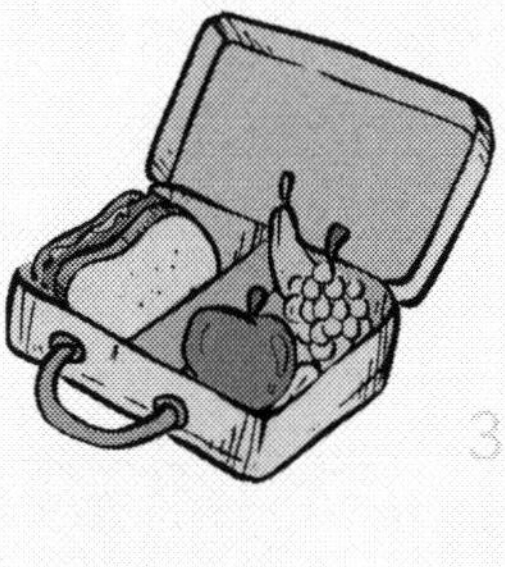

Frühstücksgeflüster und ein merkwürdiger Geruch

Es ist der zweite Tag in der Schule. Jonas, du wachst voller Vorfreude auf. Du hast Lust auf deine Klasse, deine nette Lehrerin Frau Winter und ganz besonders auf deine Detektivkollegen Noah und Clara. Schließlich habt ihr gestern beschlossen, jedes neue Rätsel gemeinsam anzugehen. Noch ehe du das Haus verlässt, steckt dir deine Mama ein leckeres Pausenbrot ein: frisch gebackenes Brot mit Salat, Käse und ein paar Gemüsesticks. Mmh, das duftet herrlich!

Auf dem Schulweg begegnest du Noah, der wie immer ein bisschen verschlafen wirkt, aber fröhlich winkt, sobald er dich erkennt. „Hey Jonas!“, ruft er, „ich bin schon total gespannt, ob wir heute was Neues über den grünen Fußabdruck herausfinden!“ Du zuckst mit den Schultern. „Wer weiß! Aber weißt du, worauf ich mich heute noch mehr freue? Auf mein Pausenbrot! Meine Mama hat mir was richtig Leckeres gemacht!“ Noah lacht. „Vielleicht können wir in der Pause zusammen essen. Ich habe auch ein tolles Brot dabei, mit Schokocreme.“ Du musst grinsen – Schokocreme klingt nach einer klebrigen, aber sehr leckeren Angelegenheit.

Als ihr an der Schule ankommt, ist Clara schon im Flur zu sehen. Sie winkt euch eifrig zu und scheint vor Energie zu sprudeln. „Guten Morgen!“, ruft sie. „Heute wird ein super Tag, ich spür’s! Habt ihr schon was Neues entdeckt?“ Ihr schüttelt die Köpfe. Vom grünen Fußabdruck keine Spur weiterer Veränderungen. Aber wer weiß, was der Tag noch bringt.

Ein normaler Anfang? Von wegen!

Eure erste Unterrichtsstunde beginnt ganz friedlich. Frau Winter begrüßt euch und erzählt, dass ihr heute die ersten Buchstaben lernt. Du bist aufgeregt, willst unbedingt bald deinen eigenen Namen richtig aufschreiben können. Dann folgt eine kurze Pause, um den Kopf ein bisschen zu lüften. Es geht raus in den Pausenhof, wo ihr spielen, toben und natürlich frühstücken könnt.

Doch just in dieser ersten Pause nimmt das neue Abenteuer seinen Lauf. Gerade, als du freudestrahlend dein Pausenbrot auspacken willst, greift deine Hand ins Leere. Dein Ranzenfach, in dem du das Brot verwahrt hast, ist leer! Du runzelst die Stirn, glaubst erst, du hättest das Brot vergessen. Aber du erinnerst dich genau, dass deine Mama es dir heute Morgen eingepackt hat. Du hast es doch in den Ranzen gelegt!

Verwundert öffnest du sämtliche Fächer, suchst zwischen Heften und Stiften. Nichts. Kein Krümel, kein Zipfel einer Brottüte. „Noah, Clara!“, rufst du leicht verzweifelt. „Mein Pausenbrot ist verschwunden!“ Die beiden kommen angerannt. Clara mustert deinen Ranzen wie eine Spürhündin. „Sicher, dass du’s nicht doch woanders reingesteckt hast?“ – „Ganz sicher“, erwiderst du. „Ich hab’s in dieses Fach hier getan. Aber jetzt ist es weg!“

Noah hebt die Augenbrauen. „Vielleicht hast du es im Klassenzimmer liegengelassen? Lass uns mal dort nachsehen.“ Du atmest auf. Ja, vielleicht hast du es ja tatsächlich irgendwo auf dem Tisch liegenlassen, ohne es zu merken. Gemeinsam lauft ihr zurück in den Klassenraum. Doch auch dort: keine Spur von deinem leckeren Brot. An deinem Platz befindet sich nur dein Mäppchen und ein paar Blätter.

Enttäuscht kehrst du in den Pausenhof zurück. Dein Magen knurrt leise. Ein bisschen traurig bist du schon. Warum ist dein Pausenbrot plötzlich weg? Hast du es doch verloren? Oder – und das ist ein merkwürdiger Gedanke – könnte es tatsächlich jemand gestohlen haben?

Die Schultütendetektive ermitteln

„Ein Fall für die Schultütendetektive!“, stellt Clara fest, kaum habt ihr euch in einer ruhigen Ecke zusammengesetzt. „Wir haben einen Tatort, ein vermisstes Objekt und keinerlei Hinweise auf den Täter. Genau sowas brauchen wir!“
Noah nickt. „Allerdings braucht Jonas auch sein Brot zurück und zwar bald! Sonst verhungert er uns noch.“
Du grinst, obwohl dir wirklich der Magen knurrt. Aber die Idee, daraus einen echten Detektivfall zu machen, bringt dich auf andere Gedanken.

Ihr beschließt, die erste Spurensuche nach der Pause zu starten. Da ihr aber jetzt schon Hunger habt, teilt Noah großzügig sein Schokobrot mit dir. Clara hat noch ein paar Apfelschnitze übrig und ist sofort bereit, sie mit dir zu teilen. So kommst du trotzdem zu einem kleinen Pausensnack und fühlst dich gerettet.

Als der Pausengong ertönt und ihr zum zweiten Unterrichtsblock müsst, habt ihr noch keine Gelegenheit gehabt, tiefer zu graben. Aber ihr seid fest entschlossen, bei der nächsten Gelegenheit genauer nachzuforschen.

Verdächtige und Vermutungen

Endlich, in der zweiten großen Pause, setzt ihr euren Plan in die Tat um. Die Schultütendetektive – also du, Noah und Clara – nehmt euren „Tatort“ unter die Lupe: dein Ranzen. Clara schaut sich den Stoff ganz genau an, ob irgendwo Brotreste hängen. Noah schnuppert sogar daran, weil er hofft, vielleicht einen typischen Käseduft wahrzunehmen. Doch nichts. Keine Spur von dem Brot.

„Vielleicht hat jemand einfach an deinem Ranzen herumgefummelt, als du kurz weggeschaut hast“, schlägt Noah vor. „Es gibt ja auch ältere Schüler, die hier vorbeigehen. Vielleicht war es ein Streich?“

Clara tippt sich nachdenklich ans Kinn. „Oder es war gar kein anderer Schüler. Manchmal laufen hier auch Katzen auf dem Pausenhof herum oder sogar Vögel, die sich was klauen. Aber eigentlich war dein Ranzen doch verschlossen, oder?“

Der grüne Fußabdruck rückt in den Fokus

Und genau aus diesem Grund macht ihr euch abermals auf den Weg zu der Wand, an der sich der grüne Fußabdruck befindet. Voller Hoffnung sucht ihr die Umgebung ab. Könnte der Brot-Dieb dieselbe Person sein, die diesen Abdruck hinterlassen hat? Klingt zwar verrückt, aber irgendetwas sagt euch, dass in dieser Schule mehr vor sich geht, als es auf den ersten Blick scheint.

Der grüne Abdruck ist noch immer an derselben Stelle, doch diesmal entdeckt ihr etwas Neues: In direkter Nähe zum grünen Fuß, vielleicht einen halben Meter entfernt, befindet sich ein winziges Krümelchen auf dem Boden. Noah geht in die Hocke und schiebt es mit dem Finger hin und her. „Das sieht aus wie ein Brotkrümel. Glaubt ihr, das ist Jonas' Brotkrümel?" Du machst große Augen. Genau so ein Krümel könnte natürlich von deinem Pausenbrot stammen.

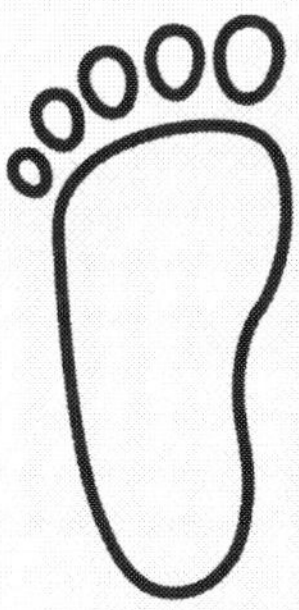

„Wenn das hier dein Brot wäre, dann heißt das...“, beginnt Clara, „...dass der Dieb oder das Tier mit deinem Brot hier entlanggekommen ist.“ Du machst vor Aufregung einen kleinen Hüpfer. „Oder dass hier die Spur beginnt oder endet!“, ergänzt du. Ihr beginnt, den Boden sorgfältig abzusuchen. Tatsächlich findet ihr noch zwei weitere Krümel, die in Richtung Treppenhaus führen. Aber dann verliert sich die Spur. Keine weiteren Reste, kein Papierfetzen – nichts.

„Das ist doch verrückt“, murrst du. „Einerseits finden wir ein paar Krümel, andererseits hören sie einfach auf.“ Noah wischt sich die Hände an seiner Hose ab. „Vielleicht hat der Brot-Dieb die Reste gegessen? Oder sie sind weggeweht?“ Ihr habt keine Ahnung, was genau passiert sein könnte. Aber immerhin wisst ihr jetzt, dass am grünen Fußabdruck entlang die Spur führt. Das kann kein Zufall sein, meint Clara.

Eine unerwartete Hilfe: Sarahs Idee

Ihr erinnert euch an Clara, die eine ältere Schwester namens Sarah in der dritten Klasse hat. Sie hat euch schon gestern beim Rätsel um den grünen Fuß ein paar Tipps gegeben. Vielleicht kann sie auch diesmal helfen. Nach dem Unterricht schnappt ihr euch Clara und zusammen geht ihr auf die Suche nach Sarah, die gerade im Musikraum übt.

Sarah ist zuerst überrascht, dass ihr mit einem verschwundenen Pausenbrot zu ihr kommt, findet die Geschichte aber total spannend, als ihr die Krümel-Spur erwähnt. „Na, das klingt tatsächlich nicht nach Zufall“, sagt sie nachdenklich. „Wisst ihr was? Gestern habe ich in der Pause etwas Komisches gehört. Ein paar Kinder aus der zweiten Klasse haben getuschelt, dass in ihrem Pausenraum auch Essen fehlte. So als hätte jemand irgendwas weggenommen. Könnte zusammenhängen. Ist vielleicht so eine Art ‚Pausenbrot-Phantom‘ unterwegs?“

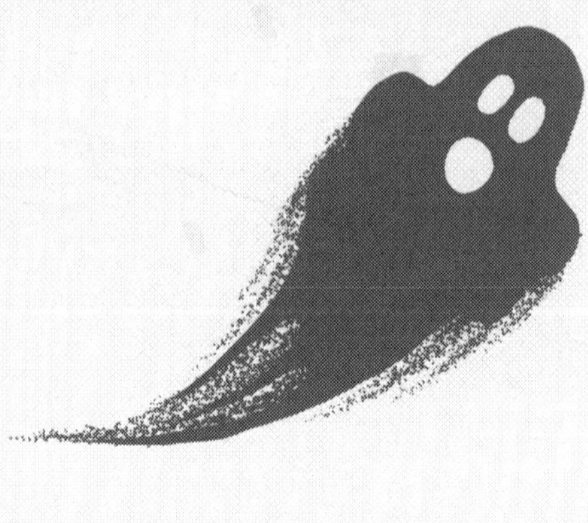

Clara lacht auf. „Pausenbrot-Phantom? So haben wir es noch nicht genannt, aber es klingt passend.“ Du allerdings bist ein bisschen sauer, wenn du an dein leckeres Käse-Salat-Brot denkst, das nun irgendwo fremd verputzt wurde. „Das ist ja alles interessant, aber wie finden wir den oder die Schuldige?“ Noah wirft ein: „Wir könnten eine Falle stellen! Da Jonas’ Brot besonders lecker riecht, tun wir morgen wieder eins in den Ranzen und beobachten, ob jemand oder etwas es klaut.“

Sarah findet die Idee gut, rät euch aber, vorsichtig zu sein. „Wenn wirklich jemand absichtlich Brote klaut, könnte das auch ein Schüler sein, der selbst Hunger hat. Oder es ist ein Streich. In jedem Fall schaut, dass ihr nicht selbst Ärger bekommt.“

Ihr nickt. Aufregung macht sich breit. Eine Falle… so richtig wie bei echten Detektiven! Da müsst ihr nur einen Ort finden, an dem ihr das Ganze beobachten könnt, ohne selbst gesehen zu werden.

Der Plan der Schultütendetektive

Nach dem Gespräch mit Sarah zieht ihr euch in einen stillen Winkel der Schule zurück. Clara kramt ein kleines Notizheft hervor und schreibt

„Fall 2: Das verschwundene Pausenbrot"

auf die erste Seite. Darunter kritzelt sie eure bisherigen Erkenntnisse:

1. **Jonas' Brot war heute Morgen noch im Ranzen fehlte dann aber in der Pause.**
2. **Ein paar Brotkrümel führten in Richtung des grünen Fußabdrucks.**
3. **Krümelspur endete am Treppenhaus.**
4. **Es gibt Gerüchte über andere verschwundene Pausensnacks.**
5. **Möglicherweise hat das Ganze etwas mit dem grünen Abdruck zu tun, denn die Spur verlief genau dort vorbei.**

„Was wir brauchen, ist ein Beobachtungsposten“, schlägst du vor. „Wenn wir beim nächsten Mal im Auge behalten, wer an unseren Ranzen geht, können wir den Täter oder die Täterin erwischen.“ Clara reibt sich die Hände. „Ich kenne einen guten Platz im Flur, wo man sich hinter einer großen Pflanze verstecken kann. Da kann man den Bereich gut überblicken, ohne selbst gesehen zu werden.“

Noah wirkt begeistert. „Super, das machen wir! Wir packen morgen wieder ein leckeres Brot in deinen Ranzen, Jonas und dann beobachten wir heimlich, was passiert.“ Du stimmst zu. Nach all dem Aufwand willst du unbedingt wissen, wer oder was dir da dein Essen stibitzt hat.

Kurz vor Schulschluss macht ihr noch einen Kontrollgang an der Wand mit dem grünen Abdruck. Doch da entdeckt ihr nichts Neues – keine weiteren Brotkrümel, keine geheimen Botschaften. Mit einem mulmigen Gefühl und gleichzeitig freudiger Erwartung, was der morgige Tag bringen mag, verabschiedet ihr euch voneinander.

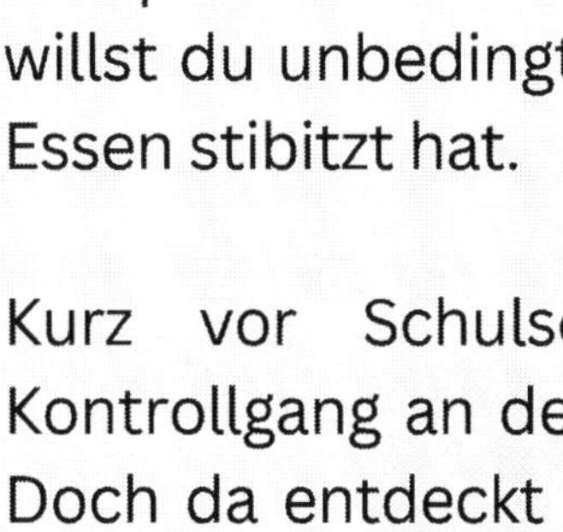
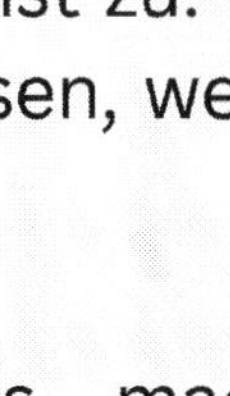
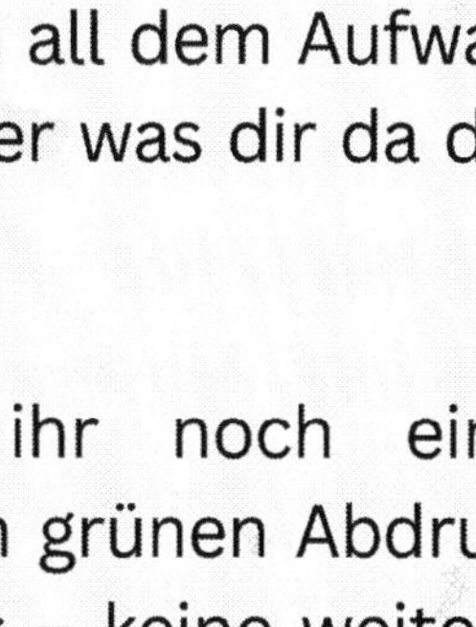

Ein ungewöhnlicher Traum

In der Nacht träumst du davon, dass ein riesiges Pausenbrot in der Schule herumspukt. Es springt von Ranzen zu Ranzen, macht sich unsichtbar, sobald du es packen willst und hinterlässt überall grüne Fußabdrücke. Ein merkwürdiger Traum! Du wachst mit wild klopfendem Herzen auf und brauchst einen Moment, um dich zu beruhigen. Doch der Gedanke, heute mit Noah und Clara eine Falle zu stellen, zaubert dir ein Lächeln ins Gesicht. Vielleicht löst ihr den Fall noch vor der großen Pause!

Die Falle schnappt zu

Am nächsten Morgen in der Schule läuft alles nach Plan. Deine Mama hat dir erneut ein leckeres Brot zubereitet – diesmal mit Wurst, Salat und Käse. Du erklärst ihr, dass du es ganz sicher in deinem Ranzen lassen wirst, bis die Frühstückspause kommt. Du lächelst geheimnisvoll, weil du noch nicht verrätst, wieso du so darauf pochst.

Kaum in der Schule angekommen, suchst du mit Noah und Clara den versteckten Winkel im Flur hinter einer großen, buschigen Pflanze. Tatsächlich habt ihr von hier aus einen recht guten Blick auf euren Klassenzimmerbereich, wo die Ranzen stehen. Nur eure Köpfe lugen ganz leicht hervor und ihr versucht, möglichst ruhig zu atmen, um kein Rascheln der Blätter zu verursachen.

Einige Minuten vergeht nichts. Die Schulklingel hat sich längst gemeldet, alle Kinder sind in ihre Klassenzimmer verschwunden. Auch ihr müsstet eigentlich langsam in die Klasse gehen, aber in der ersten Stunde wäre ein Arbeitsblatt dran, das ihr problemlos nachholen könnt. Frau Winter weiß, dass ihr drei ein wenig länger braucht und hat euch erlaubt, kurz „eine dringende Sache“ zu k

Ihr fühlt euch ein wenig schuldig, weil ihr nicht die ganze Wahrheit gesagt habt, aber es ist ja ein wichtiger Detektivauftrag.

Gerade, als ihr schon fast aufgeben wollt, hört ihr ein Rascheln am Ort, wo euer Ranzen steht. Ihr schaut durch die Blätter und euer Herz schlägt wild. Da ist jemand! Oder etwas? Ihr seht einen klein gewachsenen Schüler, der sich vorsichtig zu Jonas' Ranzen beugt und den Reißverschluss öffnet. Er scheint nervös zu sein und schaut sich um. Ein Schüler aus der zweiten Klasse? Er hat kurze dunkle Haare und eine blaugestreifte Jacke. Ihr könnt sein Gesicht von hinten nicht genau erkennen, aber eindeutig sucht er nach etwas in deinem Ranzen.

„Das ist der Dieb!", flüstert Noah fassungslos. Clara legt den Finger an die Lippen, als Warnung, still zu bleiben. Ihr schaut angespannt zu, wie der Junge das Brot tatsächlich hervorkramt und schnell in seine Jackentasche steckt. Dann dreht er sich um und huscht in Richtung Treppenhaus.

„Los! Hinterher!“, wispert Clara. Ihr springt aus eurem Versteck und lauft dem Jungen leise nach. Doch er ist wieselflink und verschwindet um die Ecke. Als ihr an die nächste Biegung kommt, seht ihr nur noch, wie er durch eine Tür zur Treppe huscht. Ihr folgt ihm so schnell ihr könnt, doch als ihr die Treppe nach unten lauft, ist von dem Jungen nichts mehr zu sehen. Verflixt!

Ein bisschen enttäuscht bleibt ihr im Schulflur unten stehen. Habt ihr eure Chance verpasst? „Na toll, jetzt ist er weg“, stöhnst du. Clara drückt dir mitfühlend die Schulter. „Aber zumindest wissen wir jetzt, dass es wirklich ein anderer Schüler ist und kein heimliches Monster“, sagt sie halb ernst, halb witzig. „Wir haben sein Gesicht nicht gesehen, aber wir kennen seine Jacke: blau gestreift, oder?“ Noah nickt. „Ja, genau. Wir werden ihn schon noch erkennen, wenn wir ihn wieder sehen.“

Die Suche nach dem Brot-Dieb

Ihr geht in euer Klassenzimmer zurück. Frau Winter begrüßt euch lächelnd und ihr setzt euch schnell auf eure Plätze. Ein bisschen müsst ihr lügen, als ihr sagt, ihr hättet ganz dringend etwas klären müssen, aber Frau Winter scheint euch zu vertrauen und lässt es gut sein.

Eure Gedanken kreisen trotzdem die ganze Zeit um den Brot-Dieb. Wer ist der Junge mit der blaugestreiften Jacke? In der Pause, bevor ihr euch wieder als Detektive auf den Flur begebt, fragt ihr leise einige Mitschülerinnen und Mitschüler aus. Gibt es in der zweiten Klasse vielleicht einen Jungen, der ziemlich klein ist und dunkle Haare hat und gern eine blaugestreifte Jacke trägt?

Eine ältere Schülerin mit Pferdeschwanz zuckt mit den Schultern. „Hm, könnte das Felix sein? Er ist nicht groß, hat dunkle Haare und oft eine blau gestreifte Jacke an. Aber ich weiß nicht, warum er Brot klauen würde. Felix ist eigentlich total nett.“

Die Konfrontation: Warum?

Noch während ihr grübelt, wer Felix ist und weshalb er sich dein Brot genommen haben könnte, ertönt bereits das Klingelzeichen für die nächste Pause. Ihr stürmt hinaus und haltet Ausschau nach einem Jungen mit dieser markanten Jacke. Tatsächlich entdeckt ihr ihn nach ein paar Minuten abseits des Schulhofs, wie er an einem Zaun steht und leise mit seinem Pausenbrot in der Hand zu kämpfen scheint. Ihr schleicht näher. Er scheint etwas aufgeregt. Ob er ein schlechtes Gewissen hat?

„Hey!“, ruft du, als ihr nah genug seid. Der Junge fährt erschrocken herum. Ihr erkennt sein Gesicht zum ersten Mal: Er sieht vielleicht tatsächlich nett aus, hat einen verlegenen Blick und scheint jünger, als ihr ihn eingeschätzt hättet. „Bist du Felix?“, fragt Clara, ohne Umschweife. Er nickt, sagt aber nichts. Du zeigst auf das Brot in seiner Hand. „Ist das... meins?“

Felix errötet und blickt schnell auf den Boden. „Ich... ich kann das erklären...“, stottert er. „Bitte seid nicht sauer. Ich... ich hatte heute gar kein richtiges Frühstück und...“ Er hält inne und schluckt. „Meine Mama ist im Krankenhaus und mein Papa kommt erst spät von der Arbeit. Er hat vergessen, mir was einzupacken. Es ist mir so peinlich...“

Ihr seid verblüfft. Damit habt ihr nicht gerechnet. Felix sieht aus, als würde er am liebsten im Boden versinken. Du schätzt die Lage ein: Er ist kein hinterhältiger Dieb, sondern ein Junge in Not. Dir fällt ein Stein vom Herzen, dass es kein bösartiges Komplott ist. Aber du bist natürlich trotzdem wütend, dass er einfach ungefragt dein Brot genommen hat.

Noah räuspert sich. „Wieso hast du nicht gefragt? Wir hätten dir etwas abgeben können.“ Felix zuckt mit den Schultern. „Ich kenne euch doch gar nicht. Und... jeder hätte mich ausgelacht, wenn ich sage, ich habe nichts zu essen, weil meine Eltern es vergessen haben.“

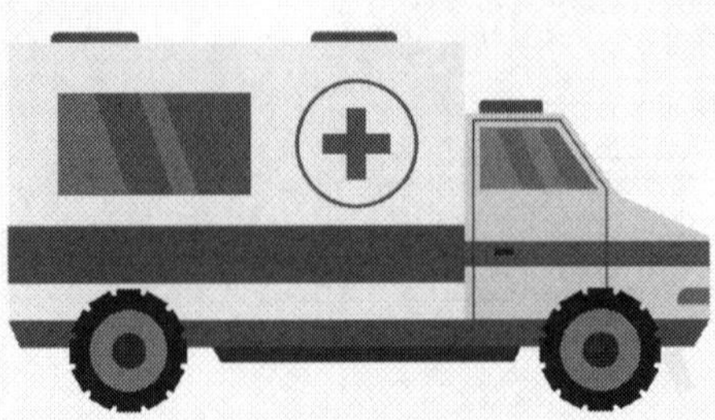

Einen Moment schweigt ihr alle. Du spürst Mitleid. Dir war gar nicht klar, dass es so etwas gibt. Du fühlst dich schlecht, weil du Felix gleich als „Brot-Dieb“ abgestempelt hast. Clara löst die peinliche Pause: „Wenn du Hunger hast, sagen wir’s einfach deiner Lehrerin. Die kann bestimmt helfen. Oder du fragst uns! Jonas und Noah haben immer irgendwas Leckeres dabei. Wir haben dich echt für eine Art Pausenbrot-Phantom gehalten.“ Ihr lacht kurz und Felix bringt ein schüchternes Lächeln zustande.

„Tut mir wirklich leid“, sagt er noch einmal. Dann streckt er dir das Brot hin. „Hier, du kannst es zurückhaben. Ich... ich habe nur ein paar Bissen genommen. Du kannst es noch essen.“ Eigentlich hast du gerade wenig Appetit, aber du merkst, wie ernst es ihm ist. „Schon okay“, sagst du. „Weißt du was? Iss du es ruhig. Ich teile lieber mit dir, als dass du heimlich klauen musst.“ Noah und Clara nicken zustimmend.

Felix blickt euch an, als könnte er sein Glück kaum fassen. „Danke...“, flüstert er. „Ich weiß nicht, was ich sagen soll. Ihr seid echt nett.“

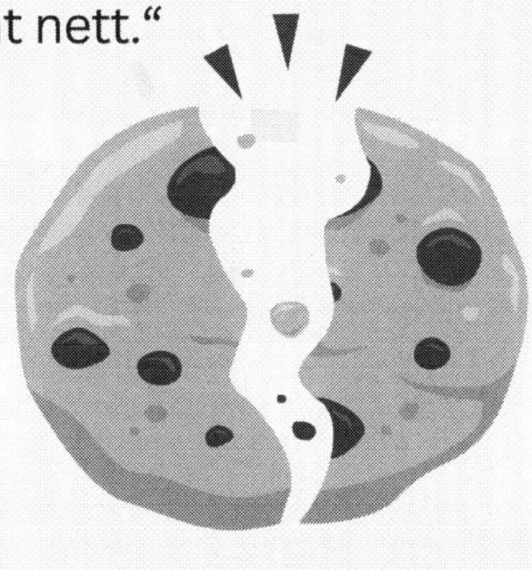

Die Wahrheit über das grüne Zeichen (oder doch nicht?)

Als sich die Aufregung gelegt hat, kommt ihr auf euer zweites Thema zu sprechen: den grünen Fußabdruck an der Wand. „Felix, weißt du zufällig etwas über diesen Abdruck? Hast du den gemacht? Oder kennst du jemanden, der das war?“, fragt Noah.

Felix reißt die Augen auf. „Ein grüner Fußabdruck? Nein, davon habe ich keine Ahnung. Ich hab auch keinen Pinsel oder so benutzt.“ Ihr spürt, dass er die Wahrheit sagt. Also scheint dieses Rätsel noch immer offen zu sein. Felix versichert euch, dass er nichts Derartiges gesehen hat. Also habt ihr nun zwar den Brotfall gelöst, aber das mysteriöse Zeichen bleibt weiter ungeklärt.

Immerhin habt ihr jetzt einen neuen Freund gewonnen – Felix. Er verspricht euch, nie wieder ungefragt Pausenbrote zu stibitzen und ist sehr erleichtert, dass ihr ihn nicht verratet oder ihm Vorwürfe macht. Er erklärt, dass er seiner Lehrerin Bescheid geben wird, damit diese sich kümmern kann, wenn es zu Hause stressig ist. Da seid ihr natürlich erleichtert.

Ein kleiner Nachhall

Den restlichen Tag über lächelst du oft, Jonas. Obwohl dein Brot verschwunden war, hast du eine wichtige Lektion gelernt: Hinter seltsamen Ereignissen können sich manchmal ganz einfache, traurige Geschichten verbergen, die man nicht sofort erahnt. Auch Noah und Clara sind beeindruckt, wie sich die Sache aufgeklärt hat. Ein Teil von dir ist sogar froh, dass das Mysterium ums Brot kein gemeiner Diebstahl war, sondern ein kleiner Hilfeschrei.

Ihr beschließt, gemeinsam mit Felix weiter nach dem grünen Abdruck zu forschen, falls er Lust hat. Vielleicht wird daraus noch eine größere Detektivtruppe, wer weiß?

Mitmach-Rätsel: Finde den richtigen Weg zu Jonas' Pausenbrot

Nun hast du selbst erlebt, wie Jonas sein Brot verschwunden ist, bevor es sich als Missverständnis entpuppte. Zeit für dich, in einem kleinen Labyrinth dein eigenes Brot zu suchen! Stell dir vor, du hast ein Blatt Papier, auf dem mehrere Wege gezeichnet sind. In der Mitte liegt ein Ranzen (dein Ranzen) und in einem der Fächer steckt das leckere Pausenbrot. Mit Bleistift oder Buntstiften malst du verschiedene verschlungene Pfade, die zum Ranzen führen.

Deine Aufgabe:

1. Zeichne oder bastle ein kleines Labyrinth.
2. An einem Ende sollst du (Jonas) starten, am anderen Ende steht dein Schulranzen.
3. Platziere ein paar Sackgassen oder Ablenkungen, z.B. ein kleines Schild „Vorsicht, hier geht's nicht weiter!“ oder ein Bildchen von einem (falschen) Brot.
4. Führe dann den richtigen Weg vom Start bis zum Pausenbrot.

Wenn du magst, schau, ob deine Familie oder Freunde das Labyrinth lösen können. Wer findet am schnellsten den Weg zu deinem Pausenbrot?
Vielleicht gestaltest du auch eine eigene kleine Geschichte drumherum: Auf dem Weg triffst du einen grünen Fußabdruck oder andere Zeichen, die Hinweise geben. Deiner Fantasie sind keine Grenzen gesetzt! Hauptsache, du hast Spaß am Rätseln.

Die unheimlichen Geräusche im Musikraum

Guten Morgen, du kleiner Schultütendetektiv! Hast du dich schon ein wenig von den letzten Abenteuern erholt? Vielleicht erinnerst du dich noch daran, wie Jonas (also du), Noah, Clara und euer neuer Freund Felix bereits zwei spannende Fälle gelöst haben. Erst ging es um den grünen Fußabdruck an der Schulwand, dessen Herkunft noch immer ein Rätsel ist. Dann verschwand auf geheimnisvolle Weise Jonas' Pausenbrot und ihr habt herausgefunden, dass es ein hungriger Junge aus der zweiten Klasse war, der sich nicht anders zu helfen wusste. Ihr habt euch dabei nicht nur als echte Detektive bewiesen, sondern auch neue Freundschaften geschlossen.

Jetzt seid ihr schon ein paar Tage länger in der Schule, habt euch an den Alltag gewöhnt und fühlt euch richtig wohl. Doch die Abenteuerlust hat euch nicht verlassen. Gerade wenn ihr glaubt, dass es vielleicht eine Weile ruhig bleibt, taucht am nächsten Tag schon der nächste seltsame Zwischenfall auf – denn in eurer Schule kann es nie langweilig werden!

Seltsame Klopfgeräusche am Abend

Eines Morgens kommt Clara mit großen Augen in die Klasse. Sie stellt ihre Tasche ab, setzt sich zu euch an den Tisch und sagt: „Habt ihr es schon gehört? Gestern Abend waren in der Schule angeblich merkwürdige Geräusche zu hören – aus dem Musikraum!“

Noah blickt auf, schiebt sich seine wuscheligen Haare aus der Stirn und fragt: „Wer hat die Geräusche gehört?“

Clara beugt sich vor und flüstert: „Die Putzkraft, Frau Stein. Sie war spätabends noch hier, um den Flur zu wischen. Plötzlich hörte sie ein Klopfen und Pfeifen aus dem Musikraum, obwohl kein Mensch da sein sollte! Sie sagt, es klang richtig unheimlich. Fast, als würde jemand heimlich trommeln und schnaufen.“

Sofort spürst du, Jonas, wie dir ein kalter Schauer über den Rücken läuft. Du hast von gerüchteweisen Spukgeschichten an Schulen gehört, aber sowas? Könnte es einen normalen Grund für solche Geräusche geben? Und wenn ja, welchen?

„Vielleicht war ein Fenster offen und der Wind hat etwas klappern lassen“, schlägt Noah vor. Doch Clara hebt nur die Schultern. „Vielleicht. Oder es war tatsächlich jemand da – ein Schüler, der etwas suchte, oder ein Erwachsener, der etwas reparierte. Frau Stein hat sich aber wohl sehr erschrocken und nicht nachgeschaut, sondern lieber den Hausmeister gerufen. Als der kam, war alles still.“

Während eures Gesprächs setzt sich Felix zu euch. Er runzelt besorgt die Stirn. „Ich hab gehört, manche Kinder sagen, es würde in dem Musikraum spuken. Vielleicht ist das Quatsch, aber die Vorstellung ist schon gruselig.“

Ihr schaut euch an und fast gleichzeitig kommt euch derselbe Gedanke:

Ein unheimliches Klopfen und Pfeifen am späten Abend in der Schule, von dem niemand weiß, wo es herkommt – das klingt definitiv nach einem neuen Abenteuer.

Ein erster Blick in den Musikraum

Die Gelegenheit, den Musikraum selbst zu inspizieren, bietet sich schneller, als ihr denkt. Am nächsten Tag steht nämlich Musikunterricht auf dem Stundenplan. Zuerst habt ihr noch Deutsch bei eurer Klassenlehrerin Frau Winter, dann geht es nach einer kleinen Pause in den Musikraum im Obergeschoss.

Mit klopfendem Herzen klettert ihr die Treppen hinauf. Neben der Tür steht ein Schild:

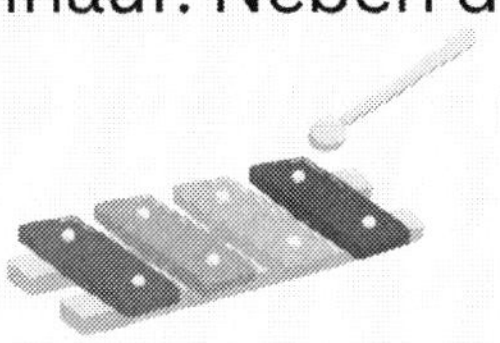

Dahinter verbergen sich ein Klavier, verschiedene Instrumente wie Trommeln, Flöten, Xylophone und natürlich Schränke voller Notenhefte. Der Raum ist groß und hell, mit zwei Fenstern, die auf den Schulhof blicken.

Du, Jonas, kannst es kaum erwarten, dich umzuschauen. Als ihr hineingeht, begrüßt euch eine freundliche Musiklehrerin, Frau Becker. Sie ist eine schlanke Frau mit kurzen Haaren und einem breiten Lächeln. „Hereinspaziert! Heute machen wir ein kleines Kennenlernspiel mit Rasseln und Trommeln. Danach schauen wir uns an, wie man auf einer Sopranflöte die ersten Töne spielt.“

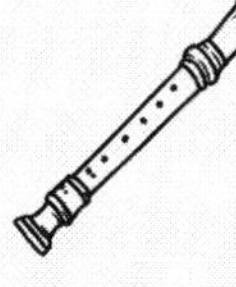

Während sich alle Kinder auf ein Zeichen von Frau Becker setzen, musterst du die Wände, die Regale und die Instrumente. Leider kannst du nichts Ungewöhnliches erkennen. Alles scheint ganz normal, kein geheimer Gang, keine mysteriöse Klappe im Boden, keine Fußabdrücke in grüner Farbe. Nur ein paar Notenplakate und Bilder von Komponisten, die dich mit ernsten Blicken anschauen.

Noah stupst dich an. „Wir können nach dem Unterricht nochmal hierbleiben und nach Spuren suchen“, flüstert er. Du nickst begeistert. Auch Clara und Felix, die euch gegenüber sitzen, merken, dass ihr einander verschwörerische Blicke zuwerft.

Der Musikunterricht vergeht schneller, als euch lieb ist. Trommeln, Rasseln und Flöten machen Spaß, doch ihr seid die ganze Zeit in Gedanken bei eurem Detektivplan. Als Frau Becker euch schließlich entlässt, seid ihr fest entschlossen, noch einen Moment zu bleiben – doch da lächelt die Lehrerin und schließt den Raum von außen ab.

„Oh“, macht Clara enttäuscht. „Sie hat uns keine Chance gelassen!“ Ihr überlegt, ob ihr euch bei Frau Becker melden könnt. Doch es ist schon Pause, sie ist eilig mit den anderen Klassen unterwegs. Am Ende müsst ihr unverrichteter Dinge wieder in euren Klassenraum zurückkehren.

Neue Gerüchte machen die Runde

Am nächsten Morgen, in einer Pause, kommt erneut ein Gerücht auf. Eine Viertklässlerin namens Meike erzählt lauthals auf dem Schulhof, sie habe etwas Gruseliges gehört: „Ihr glaubt nicht, was mein Bruder mir erzählt hat! Er hat gestern im Musikraum geübt und auf einmal ein Flüstern vernommen. Als er sich umsah, war niemand da. Voll gespenstisch!“

Andere Kinder stehen drumherum, kichern teils nervös oder rollen die Augen. Manche glauben, es sei nur eine erfundene Geschichte, um ein bisschen anzugeben. Doch du bist dir nicht so sicher. Clara, Noah und Felix schauen dich an, als hätten sie denselben Gedanken:

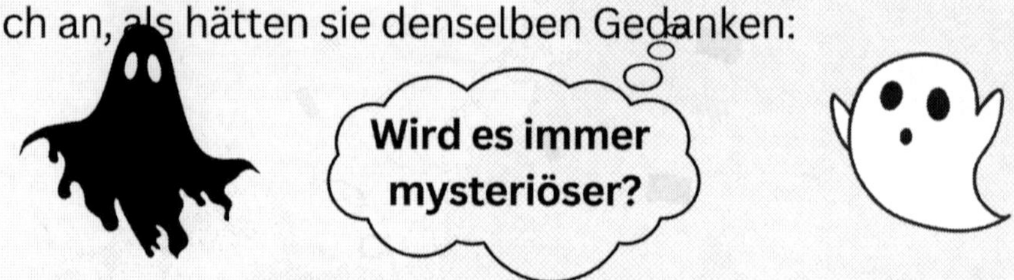

Eure Neugier wird von Tag zu Tag größer. Leider habt ihr Musikunterricht nur einmal in der Woche, also müsst ihr kreativ werden, wenn ihr den Raum allein inspizieren wollt. Felix hat da eine Idee: „Wir können ja mal den Hausmeister fragen, ob er uns kurz hineinlässt. Vielleicht sagen wir ihm, wir möchten ein vergessene Jacke suchen oder so.“

Noah lacht. „Du bist gut. Der Hausmeister ist nicht doof. Der lässt uns doch nicht einfach so unbeaufsichtigt im Musikraum herumstromern.“ Felix kratzt sich am Kopf. „Stimmt. Aber vielleicht wäre er bereit, kurz mit uns reinzugehen und sich umzuschauen, wenn wir ehrlich sind?“

Clara runzelt die Stirn. „Ehrlich? Wir sollen also sagen: ‚Hallo Herr Hausmeister, wir haben gehört, es spukt hier. Können Sie uns mal bitte den Raum zeigen?‘ Da erklärt er uns doch für verrückt!“

Trotzdem beschließt ihr, es bei nächster Gelegenheit zu versuchen. Einen Moment lang denkt ihr darüber nach, Frau Winter in euer Vorhaben einzuweihen. Immerhin habt ihr schon einmal erlebt, dass Erwachsene helfen können. Aber ihr wollt zunächst auf eigene Faust vorgehen und nicht bei jedem Rätsel direkt die Lehrerin in eure Abenteuer ziehen.

Die überraschende Entdeckung am Fenster

Am folgenden Tag beschließt ihr in der Pause, einfach mal um das Schulgebäude herumzuschleichen und von außen einen Blick auf die Fenster des Musikraums zu werfen. Vielleicht findet ihr einen Hinweis, ob jemand heimlich ein- und ausgeht – oder ob es irgendwo lockere Fensterflügel gibt, die Windgeräusche erzeugen.

Der Musikraum liegt im Obergeschoss, also müsst ihr eure Hälse weit recken. Tatsächlich seht ihr, dass ein Fenster einen Spalt offen steht. Hinter dem Glas könnt ihr Schemen von Instrumenten erkennen. Nichts Ungewöhnliches, bis Felix aufgeregt tuschelt: „Seht ihr das auch? Da hängt irgendwas an der Gardinenstange!"

Ihr kneift die Augen zusammen. Ja, tatsächlich: Oben, wo der Vorhang zusammengerollt ist, baumelt ein kleines, rundes Ding. Könnte das eine Trommel sein oder ein Notenbuch, das irgendwer aufgehängt hat? Ihr erkennt es nicht so genau. Ein leichter Windhauch bewegt den Gegenstand.

Clara blickt skeptisch. „Warum sollte jemand ein Instrument an die Gardine hängen? Das ist doch seltsam, oder?" Noah hebt die Schultern. „Vielleicht hat jemand es hochgeworfen und vergessen? Aber klingt schon merkwürdig."

Ihr steht ein paar Minuten da und starrt zum Fenster hoch, doch mehr könnt ihr nicht erkennen. Bevor euch noch ein Lehrer erwischt und fragt, was ihr da so verdächtig macht, zieht ihr euch zurück.

Der nächtliche Plan

Euer nächster Schritt wird wagemutig. In einer stillen Ecke schmiedet ihr einen Plan, den ihr am liebsten sofort umsetzen würdet, wenn nicht das Schulschluss- und Eltern-Problem wäre. Ihr würdet zu gern am späten Nachmittag oder frühen Abend in die Schule schleichen und selbst lauschen, ob ihr diese Geräusche hört. Natürlich ist euch klar, dass eure Eltern das keinesfalls erlauben würden, wenn sie euch dabei erwischen. Dennoch überlegt ihr, ob ihr ihnen eine harmlose Begründung liefern könntet, z. B. dass ihr an einem Projekt arbeiten müsst und Frau Winter es euch erlaubt hat.

Gerade als ihr mit klopfendem Herzen die Idee diskutiert, kommt Sarah, Claras große Schwester, vorbei. Sie sieht euren verschwörerischen Kreis und lächelt. „Was habt ihr diesmal ausbaldowert, Schultütendetektive?"

Clara zieht Sarah beiseite und erklärt ihr flüsternd, dass ihr vorhabt, nach Schulschluss vielleicht noch ein bisschen zu bleiben, weil es doch diese unheimlichen Geräusche im Musikraum geben soll. Sarah schaut erst überrascht, dann runzelt sie die Stirn. „Wollt ihr da wirklich alleine herumstromern? Das könnte Ärger geben. Außerdem ist es vielleicht tatsächlich gruselig, wer weiß?"

Ihr seht Sarah bittend an. Sie ist schließlich schon in der dritten Klasse, darf manchmal ein wenig länger bleiben, etwa wenn sie an einem Projekt arbeitet. Sarah überlegt kurz. „Ich könnte versuchen, einen Deal mit meiner Lehrerin zu machen. Vielleicht darf ich offiziell nach dem Unterricht ein Referat vorbereiten und bleibe so lange, dass ich euch mitnehmen kann. Dann wären wir nicht allein, falls etwas passiert."

Die Idee klingt fantastisch. Zu fünft (ihr vier Schultütendetektive plus Sarah) würdet ihr euch bestimmt sicherer fühlen. Und Sarah könnte notfalls erklären, warum sie nach Stunden noch im Schulgebäude ist. Ihr fasst gemeinsam den Entschluss, das anzugehen.

Eine unheimliche Stunde in der Dämmerung

Zwei Tage später ist es so weit: Sarah hat ihre Lehrerin überzeugt, dass sie Material für einen Sachkundevortrag braucht und deshalb in der Schule bleiben möchte. Frau Winter weiß zwar nichts von euren Plänen, doch sie geht davon aus, dass ihr einfach bei Sarah warten wollt, bis sie fertig ist – was dank eines kurzen Gesprächs zwischen den Lehrerinnen scheinbar okay ist.

Als die letzten Schüler das Gebäude verlassen, hockt ihr euch zu fünft in einer Nische im Erdgeschossflur. Es ist schon später Nachmittag. Der Himmel draußen wird allmählich grau und nur vereinzelte Lichter brennen in den Klassenräumen. Ihr atmet flach vor Aufregung.

Sarah überprüft, ob der Musikraum noch unverschlossen ist. Doch nein, er ist natürlich abgeschlossen. Ihr klopft leise an. Keine Antwort. „Vielleicht kann uns der Hausmeister aufschließen, wenn ich sage, ich muss Noten für mein Referat holen?“, flüstert Sarah. Ihr nickt. Das ist wohl die beste Möglichkeit.

Tatsächlich lässt der Hausmeister sich kurz überreden. „Also gut, aber macht keinen Unsinn!“, brummt er. „Ich kenne das Gerede über seltsame Geräusche. Am Ende rennt ihr noch kreischend durch die Gänge und beschwert euch, es würde spuken.“ Er schmunzelt. Ihr [illegible] ganz unschuldig.

Als ihr die Tür betretet, führt der Hausmeister euch hinein, schaltet das Licht an und geht an ein Regal mit Noten. „Such dir aus, was du brauchst. Danach ziehst du bitte die Tür hinter dir zu und bringst den Schlüssel zurück“, sagt er zu Sarah. Sie bejaht artig. Dann ist er weg und ihr seid allein im Musikraum!

Die Spurensuche beginnt

Jetzt geht alles ganz schnell. Erst einmal atmet ihr tief durch und schaut euch um. Der Raum wirkt im Halbdunkel, nur mit einer Deckenlampe beleuchtet, ein wenig anders als am Tag. Die Schatten der Instrumente tanzen an den Wänden und jedes kleine Knarren lässt euch zusammenzucken.

Jonas (du) und Noah nähern sich dem Fenster, um den merkwürdigen Gegenstand am Vorhang zu untersuchen. Tatsächlich baumelt dort eine kleine Schelle, wie sie an einem Tamburin befestigt sein könnte. Sie ist mit einer dünnen Schnur an der Gardinenstange verknotet. „Warum hängt hier eine einzelne Schelle?“, fragst du verwirrt. Noah tippt vorsichtig dagegen und sie klappert leise. „Komisch.“

In der Zwischenzeit durchsucht Clara ein Regal mit Trommeln. Vielleicht haben sich irgendwelche Tiere darin verkrochen? Aber sie findet nur leere Trommelfelle. Felix klopft an die Wand, in der Hoffnung, einen Hohlraum zu entdecken. Nichts.

Sarah steuert auf ein Klavier zu, das in der hinteren Ecke steht. Es ist zugeklappt. Vorsichtig hebt sie den Klavierdeckel an und wirft einen Blick auf die Tasten. „Sieht normal aus“, flüstert sie. Dann huscht ihr Blick zu einem Nebenschrank, in dem jede Menge Noten- und Liederhefte gestapelt sind.

Plötzlich hörst du, Jonas, ein leises Kratzen. Du hältst die Luft an und bedeutest den anderen, still zu sein. Tatsächlich! Da ist ein Geräusch, als würde etwas an den Wänden schaben oder klopfen. „Es kommt von da hinten!“, flüstert Noah und zeigt Richtung Ecke, wo das Klavier steht. Eure Herzen klopfen. Sarah reißt die Augen auf, sie hat es ebenfalls gehört. Langsam nähert ihr euch der Ecke.

Doch kaum seid ihr da, verschwindet das Kratzen. Stattdessen raschelt es kurz oberhalb des Schrankes, dann ist wieder Stille. „Ein Tier?“, haucht Clara. „Vielleicht eine Maus oder eine Ratte?“ Ihr sucht den Boden ab, aber seht kein Tier davonhuschen.

Plötzlich fällt euer Blick auf ein kleines, rundes Loch in der Wand, knapp über dem Boden. Es ist nicht besonders groß, vielleicht gerade so, dass eine Maus hindurchpasst. „Aha“, sagt Sarah erleichtert. „Dann ist das bestimmt nur eine Maus. Kein Spuk, kein Geist, nur ein Tier, das sich hier eingerichtet hat und vielleicht abends herumkrabbelt.“

Ihr atmet auf. Aber dieser Erklärung fehlt noch etwas: Was ist mit den Klopf- und Pfeifgeräuschen, die Frau Stein gehört hat? Eine Maus trommelt ja nicht auf der Trommel herum!

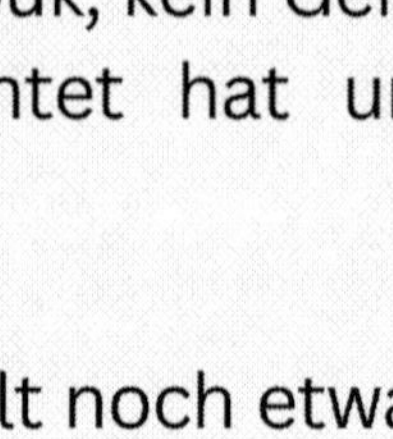

Auf den zweiten Blick

Als ihr weiter stöbert, fällt Felix plötzlich ein kleines Notenheft zu Boden. Ihr habt es aus dem Schrank gezogen, um nach verborgenen Botschaften zu suchen, doch es rutschte aus seiner Hand. Ein paar Seiten schlagen auf und dort entdeckt ihr Randnotizen. Kleine Kreuze und Symbole, neben denen in krakeliger Schrift Sätze stehen wie:

„Verbinde den Ton A mit einem Tupfenrhythmus"

oder „Merke: klopfe an die Wand = ?"

Noah richtet sich auf. „Moment mal. ‚Klopfe an die Wand = ?' Das klingt fast, als hätte jemand Experimente gemacht. Vielleicht wollte ein älterer Schüler herausfinden, wie die Akustik des Raumes reagiert, wenn man gegen die Wand klopft?" Ihr seht euch an. Das könnte zumindest erklären, warum Frau Stein dieses Klopfen gehört hat.

Jonas (du) blätterst weiter und findest einen Eintrag, der lautet:

„Wind + Schnur = Pfeifen. Klangversuch missglückt."

Du runzelst die Stirn. „Hier steht was von ‚Wind + Schnur = Pfeifen'. Meint ihr, jemand hat absichtlich eine Schnur ans Fenster gebunden, damit der Wind eine Pfeif- oder Klappermelodie erzeugt?"

Plötzlich fällt es euch wie Schuppen von den Augen. Diese kleine Schelle am Vorhang – könnte das Teil eines Experiments sein, bei dem der Wind gegen die Schelle weht und ein Geräusch macht? Und wenn jemand gegen die Wand klopft, klingt es vielleicht wie ein Rhythmus?

Felix kratzt sich am Kopf. „Das heißt, der ganze Spuk war womöglich nur ein Musikprojekt? Vielleicht wollte da jemand ein paar ungewöhnliche Geräusche aufnehmen oder ausprobieren, wann es am lautesten klingt."

Doch wer steckt dahinter? Das Heft ist unbeschriftet, kein Name, keine Klasse. Ihr blättert noch weiter und stoßt auf eine flüchtige Zeichnung einer menschlichen Figur, die eine Trommel in der Hand hält. Daneben steht: „17 Uhr, allein bleiben, Frau B. ?" Könnte das auf Frau Becker, die Musiklehrerin, hinweisen? Man weiß es nicht sicher.

Der plötzliche Pfiff

Ihr steht noch ratlos um das Notenheft herum, als euch ein lautes Pfeifen zusammenzucken lässt. „Pfeeeep!" klingt es einmal, fast wie ein Signal. Ihr schaut euch erschrocken an. Dann seht ihr, dass das Fenster immer noch offen steht und der Wind nun kräftiger weht. Die Schnur mit der Schelle zittert und irgendwo an einer Metallkante heult ein Luftzug entlang, der dieses pfeifende Geräusch verursacht.

„Also daher die Pfeifgeräusche", murmelt Clara. „Aber wer hat das eingerichtet? Und warum?"

Bevor ihr darauf eine Antwort findet, hallt ein deutliches Klack, Klack durch den Raum, als würde jemand auf eine Trommel schlagen. Ihr wirbelt herum und erkennt den Verursacher: ein kleiner Vogel, ein Spatz oder eine Meise, der sich ins Zimmer verirrt hat und nun am Fenstersims herumhüpft. Offenbar pickt er gegen ein kleines Xylophon, das auf der Fensterbank liegt. Genau in diesem Augenblick stieß er es an und die Metallplättchen klackten aufeinander.

Ihr müsst lachen, weil die Situation so skurril ist. So viele zufällige Elemente machen den Raum abends offenbar zur Geisterbühne: eine klappernde Schelle, ein pfeifender Wind, ein Vogel, der auf Instrumenten herumhopst – und vielleicht noch eine Maus, die an den Wänden kratzt. Das klingt doch mehr nach einem verrückten Orchester, oder?

Ein hilfreicher Fund: Die unterschriebene Seite

Während ihr noch schmunzelt, blättert Sarah unverdrossen weiter im Notenheft. Plötzlich ruft sie aufgeregt: „Hier steht ein Name! Ganz klein am Rand der letzten Seite.“ Alle drängen sich um sie und tatsächlich, da steht in winzigen Buchstaben:

„Justus aus der vierten Klasse?“, wiederholt Noah. „Ist das derjenige, der diese Experimente gemacht hat?“ Felix überlegt kurz. „Ich kenne einen Justus. Er ist total in Musik vernarrt und will später vielleicht sogar an einem Musikwettbewerb teilnehmen. Er ist sehr kreativ, hab ich gehört.“

Clara klatscht in die Hände. „Das passt perfekt! Vielleicht hat er ein eigenes Klangexperiment gestartet und absichtlich ein paar Gegenstände so platziert, dass sie Pfeifen oder Klappern, wenn niemand da ist. Das erklärt, warum es abends unheimlich ist, aber keine echte Geistererscheinung!“

Du, Jonas, bist erleichtert und zugleich ein bisschen stolz: Ihr seid vermutlich kurz davor, das Rätsel aufzuklären. Trotzdem bleibt eine Frage: Warum hat Justus das alles heimlich getan? Wollte er alle erschrecken oder einfach unbeobachtet experimentieren?

Das Gespräch mit Justus

Am folgenden Tag ist Samstag, kein Unterricht. Ihr hofft, Justus am Montag in der Pause zu erwischen. Als es so weit ist, spürt ihr, wie euer Detektivherz klopft. Ihr sucht in den Pausenhofecken, befragt hier und da ein paar Viertklässler und schließlich findet ihr ihn beim Klettergerüst: einen eher schmächtigen Jungen mit hellblonden Haaren, der konzentriert an einer komplizierten Kletterstrebe hängt.

Ihr geht vorsichtig auf ihn zu. „Hey, bist du Justus aus der 4b?“, fragt Noah. Justus lässt sich herab, stützt die Hände in die Hüften und mustert euch neugierig. „Ja, wieso?“

Ihr erklärt ihm, wer ihr seid – die Schultütendetektive – und dass ihr seinen Namen in einem Musikheft gefunden habt, zusammen mit merkwürdigen Notizen. Erst schaut er erschrocken, dann scheint er zu verstehen. Er seufzt und streicht sich eine Haarsträhne aus der Stirn.

„Na toll, jetzt haben mich also doch welche gefunden“, murmelt er. „Bitte sagt es nicht den Lehrern, ja? Ich hab da so ein kleines Projekt, weil ich den ‚Musik und Klang‘-Wettbewerb gewinnen will. Ich wollte zeigen, dass man aus Wind, schnarrenden Schnüren und verschiedenen Gegenständen eine Art automatisches Nachtkonzert machen kann. Keine Ahnung, ob das jemand beeindruckt. Aber ich brauche halt Ruhe und Zeit zum Experimentieren. Deshalb wollte ich es heimlich machen, damit mich keiner stört.“

Ihr blickt euch an, überrascht und beeindruckt zugleich. „Hast du deshalb eine Schelle an den Vorhang gebunden und eine Trommel in die Ecke gestellt?“, fragt Clara. Justus nickt. „Genau. Das Pfeifen kommt vom Luftzug, wenn das Fenster einen Spalt offen bleibt. Manchmal klappert dann die Schelle. Wenn jemand gegen die Wand klopft, schwingt der Schrank leicht und es tönt wie ein Echo. Leider ist es noch nicht so perfekt, wie ich es wollte. Und da ab und zu auch Tiere reinkommen, klingt es ziemlich chaotisch. Aber es freut mich, dass ich wohl ein paar Leute damit erschreckt habe – war nicht unbedingt beabsichtigt, aber naja.“

Er verschränkt die Arme, fast ein wenig trotzig. „Jetzt ist es raus. Wenn ihr mich verratet, bekomme ich bestimmt Ärger, weil ich Instrumente unerlaubt benutze und den Raum abends offen lasse.“

Eine faire Lösung

Eure Schultütendetektive-Gruppe berät sich. Einerseits könnt ihr Justus verstehen. Er hat sich nichts wirklich Böses gedacht, nur heimlich experimentiert. Andererseits hat er damit die Putzkraft und andere Kinder ordentlich erschreckt. Noah räuspert sich. „Weißt du, Justus, es ist cool, dass du so kreativ bist, aber du kannst doch nicht einfach die Schule nachts als Experimentierlabor nutzen. Das ist gefährlich. Und wenn was kaputtgeht, wirst du oder andere Ärger kriegen."

Clara nickt. „Vielleicht wäre es schlau, mit einer Lehrerin oder dem Schulleiter zu sprechen, damit du offiziell einen Raum für deine Experimente bekommst. Dann musst du es nicht verstecken und niemand denkt, es spukt."

Justus beißt auf seine Lippe. „Aber was ist, wenn sie mir das verbieten? Dann kann ich meinen Wettbewerbsbeitrag vergessen. Ich wollte so originell sein – ungewöhnliche Geräusche sammeln und daraus ein Musikstück machen."

Ihr zuckt mit den Schultern. „Wir helfen dir, eine gute Lösung zu finden!", schlägt Jonas (du) vor. „Frau Becker ist total nett und liebt musikalische Ideen. Vielleicht unterstützt sie dich sogar, wenn du ihr alles erklärst."

Nach einigem Zögern erklärt sich Justus bereit, es zumindest zu versuchen. Euch ist klar, dass ihr ihm etwas Zeit lassen müsst. Schließlich will er nicht, dass alle erfahren, dass er schon jetzt den Raum genutzt hat.

Das Rätsel ist gelöst

Zur Mittagszeit setzt sich Justus noch kurz zu euch. „Also, bitte entschuldigt, wenn ich Leute erschreckt habe. Ich wusste nicht, dass das so viele mitbekommen. Dann hab ich gemerkt, wie die Gerüchte vom Spuk immer größer wurden. Aber ich habe mich nicht getraut, es aufzuklären. Ich hoffe, ihr seid nicht böse.“

Felix grinst. „Ehrlich gesagt sind wir erleichtert, dass es kein echter Spuk ist. Und ein bisschen aufregend war es doch, als Detektive im Dunkeln im Musikraum zu suchen.“

Clara lacht. „Wenn du deine Idee erfolgreich umsetzt, darfst du uns aber mal dein fertiges ‚Klang-Stück‘ vorspielen, ja? Dann hören wir, wie gut sich Wind, Schnur und Trommel anhören können, wenn es kein heilloses Durcheinander ist.“

Justus nickt, spürbar erleichtert. Als ihr euch trennen müsst, habt ihr das Gefühl, einen neuen Bekannten gewonnen zu haben – und euer drittes Rätsel in der Schule ist damit gelöst. Kein Geist, kein Einbrecher, sondern ein ambitionierter Musikschüler, der heimlich experimentierte.

Mitmach-Rätsel: Entschlüssele die Noten!

Am Ende dieses Kapitels gibt es wieder eine kleine Mitmach-Aufgabe für dich. Stell dir vor, du hast ein paar Takte einer geheimen „Geistermusik“ gefunden, die Justus in seinem Heft notiert hat. Jeder Notenkopf steht für einen Buchstaben. Hier ein Beispiel (du kannst es gerne frei abwandeln oder selbst malen):

- **A = Kreis mit Notenlinie**
- **B = Kreis mit Notenhals rechts**
- **C = Ausgefüllter Kreis ohne Hals**
- **D = Ausgefüllter Kreis mit Hals unten**

  ... und so weiter!

Lege fest, welche Note welchen Buchstaben darstellt. Schreibe dann eine kurze Nachricht (zum Beispiel „HALLO“ oder „SPUK“) nur in Notensymbolen auf. Zeig sie Freunden oder deiner Familie und lass sie herausfinden, welche Botschaft sich dahinter verbirgt.

Vielleicht erfindest du sogar eigene Zeichen und verschlüsselst damit geheime Detektivwörter. So kannst du dich selbst ein bisschen wie Justus fühlen, der in geheimen Botschaften und Klängen denkt.

Das Rätsel um die verschwundene Klassenkasse

Hallo, du neugieriger Schultütendetektiv! Hast du dich von den merkwürdigen Klängen des letzten Abenteuers erholt? Vielleicht spukt dir immer noch der Gedanke im Kopf herum, wie Justus heimlich seine Klangexperimente veranstaltet hat. Doch wie du inzwischen weißt, steht in deiner Schule ein Abenteuer nach dem anderen vor der Tür. Und genau so ist es: Kaum sind die Musik-Geräusche erklärt, wartet schon das nächste Rätsel – diesmal geht es ums liebe Geld!

Ein neues Problem taucht auf

Am Montagmorgen kommst du (Jonas) mit deinem Freund Noah zur Schule. Es ist früh, ihr habt noch ein paar Minuten Zeit, bevor der Unterricht beginnt. Ihr sitzt im Klassenraum, unterhaltet euch leise über das Wochenende, als plötzlich eure Lehrerin, Frau Winter, hastig hereinkommt. Ihr Gesichtsausdruck ist ernst.

„Guten Morgen, Kinder", sagt sie. „Setzt euch bitte auf eure Plätze, ich muss euch etwas Wichtiges mitteilen." Ihr tauscht fragende Blicke. Normalerweise begrüßt Frau Winter euch mit einem Lächeln, aber heute scheint etwas nicht in Ordnung zu sein.

Als alle Kinder sitzen, räuspert sich Frau Winter. „Ich weiß, dass wir diese Woche einen kleinen Ausflug planen wollten. Wir wollten dafür die Klassenkasse nutzen, um Busfahrkarten zu bezahlen und ein paar Kleinigkeiten für ein Picknick zu kaufen. Aber...", sie hält kurz inne, „das Geld in unserem Klassenkassen-Umschlag ist verschwunden!"

„Wann haben Sie es denn zuletzt gesehen?", fragt ein mutiger Junge in der Klasse. Frau Winter antwortet: „Freitag nach der letzten Stunde habe ich den Umschlag auf meinen Schreibtisch gelegt. Ich wollte ihn heute Morgen einsammeln und damit zum Sekretariat gehen. Aber heute ist er nicht mehr da."

Ein Raunen geht durch die Klasse. Hatte jemand Zugang zum Raum über das Wochenende? Hat vielleicht jemand das Geld an sich genommen? Und vor allem: Was bedeutet das für euren Ausflug? Frau Winter seufzt. „Wir werden wohl erst einmal abwarten müssen. Vielleicht taucht der Umschlag ja wieder auf. Bis dahin verschieben wir unsere Pläne. Es tut mir sehr leid."

Noah wirft dir einen raschen Blick zu, der so viel heißt wie: Das müssen wir untersuchen! Und du spürst denselben Entschluss in dir wachsen – wenn sich jemand heimlich an der Klassenkasse vergriffen hat, willst du herausfinden, wer es war und warum.

Erster Verdacht: Missverständnis oder Diebstahl?

In der ersten Pause kommt Clara sofort auf euch zu. „Habt ihr's gehört? Das Geld ist weg! War das vielleicht nur ein Versehen?“, fragt sie. „Womöglich hat Frau Winter den Umschlag woanders hingelegt und vergessen?“

Felix schüttelt den Kopf. „Sie wirkte ziemlich sicher. Und Frau Winter ist normalerweise nicht so schusselig, oder? Die Klassenkasse ist doch was Wichtiges. Sie hätte es kaum einfach irgendwo liegenlassen.“

Noah tippt nachdenklich an seine Lippen. „Vielleicht hat jemand versehentlich den Umschlag eingepackt, in der Annahme, es sei ein Arbeitsblatt? Oder jemand aus einer anderen Klasse?“

Ihr steht zusammen und diskutiert leise, während andere Kinder auf dem Pausenhof herumtollen. „Die Schultütendetektive sind gefragt“, sagst du leise. „Wir sollten zuerst nach Hinweisen suchen, bevor wir jemanden beschuldigen. Aber wenn das Geld wirklich gestohlen wurde, ist das übel.“

Clara schlägt vor, den Klassenraum gründlich zu durchsuchen. Vielleicht ist der Umschlag irgendwo hinter einen Schrank gerutscht, unter einen Stuhl gefallen oder in ein Fach gerutscht. Felix erwidert: „Wir dürfen aber nicht im Unterricht herumkramen, sonst fällt das auf.“ – „Dann nach dem Unterricht!“, beschließt Noah. Ihr seid alle einverstanden.

Suche im Klassenraum

Gesagt, getan: Nach Schulschluss, als die meisten Kinder bereits gegangen sind, bleibt ihr vier noch in der Klasse 1A. Frau Winter ist kurz ins Lehrerzimmer gegangen und hat euch gebeten, eure Sachen aufzuräumen. Stattdessen schleicht ihr durch den Raum und schaut in jede Ecke.

Clara zieht die Schubladen am Lehrerpult auf. Ihr findet ein paar Kreidestücke, Büroklammern, Notenbücher – aber keinen Umschlag mit Geld. Noah klopft vorsichtig an die Wände, um zu überprüfen, ob es irgendwelche Spalten oder Löcher gibt, in denen der Umschlag versteckt sein könnte. Du kriechst sogar unter das Lehrerpult und beäugst die Kabel hinter dem Computer. Nichts.

Dann hörst du Felix rufen: „Jonas, komm mal her! Hier liegt etwas auf dem Boden, ganz hinten bei den Heizungsrohren.“ Du rutscht auf den Knien zu ihm hin und siehst, was er gefunden hat: ein kleiner Zettel. Er ist stark zerknittert und kaum lesbar steht in krakeliger Schrift:

„Was soll das heißen?“, wunderst du dich. „Leg ihn zu den anderen Sachen?“ Clara kommt hinzu und hebt den Zettel vorsichtig auf. „Vielleicht gehört er gar nicht zur Klassenkasse-Geschichte. Aber es klingt irgendwie geheimnisvoll.“

Ihr diskutiert eine Weile, ob das ein versteckter Hinweis ist oder nur ein unbedeutender Fetzen. Schließlich nehmt ihr den Zettel an euch, sicher ist sicher. Dann durchsucht ihr noch ein wenig, findet aber nichts weiter.

Eine Aussage des Hausmeisters

Ein paar Tage vergehen, ohne dass ihr große Fortschritte gemacht habt. Frau Winter ist sichtlich bedrückt, weil der Ausflug immer näher rückt und ihr nicht wisst, wie ihr ihn finanzieren sollt. Die Stimmung in der Klasse wird immer trüber – alle hatten sich doch so auf den Wandertag gefreut.

Eines Morgens begegnet ihr im Flur dem Hausmeister. Ihr erinnert euch, dass er auch beim Musikraum-Erlebnis eine Rolle gespielt hat. Vielleicht hat er einen Schlüssel für jeden Raum und war am Wochenende hier.

Ihr fragt ihn vorsichtig: „Entschuldigen Sie, Herr Schuster, haben Sie vielleicht am Wochenende den Umschlag aus unserer Klassenkasse gesehen?“ Er wirkt überrascht. „Ihr habt Geld vermisst? Nein, davon weiß ich nichts. Ich war am Samstag zwar mal kurz hier, um ein Fenster zu reparieren, aber da war ich im anderen Flügel der Schule. In eurer Klasse war ich nicht.“

Als Noah jedoch erwähnen will, dass Frau Winter den Umschlag auf dem Schreibtisch hatte, runzelt Herr Schuster die Stirn. „Moment mal, ich hab am Samstagvormittag gesehen, dass Frau Schneider, unsere Schulleiterin, durch den Flur ging und in ein paar Klassenräume schaute. Vielleicht war sie auf der Suche nach etwas oder hat etwas kontrolliert. Aber ich kann auch nicht sagen, ob sie in eurer Klasse war.“

Ihr bedankt euch und schaut euch an. „Glaubt ihr, Frau Schneider hat den Umschlag an sich genommen?“, fragt Clara leise. Felix schüttelt sofort den Kopf. „Die Schulleiterin ist doch Vertrauensperson. Sie würde uns das doch sagen, falls sie das Geld woanders hinbringen musste.“

Also weiter im Text. Euch ist klar, dass die Schulleiterin sicher nicht ohne Grund das Geld verschwinden lässt. Vielleicht hatte sie es in einen Umschlag getan, um es im Safe zu verwahren und dabei vergessen zu erwähnen? Oder hat sie es schon ans Sekretariat gegeben und dort ist es untergegangen?

Fragestunde im Sekretariat

Kurze Zeit später steht ihr vier Schultütendetektive vor dem Sekretariat. Die Tür ist nur angelehnt. Drinnen hört ihr ein gelegentliches Tippen auf einer Tastatur. Ihr klopft. Eine freundliche Sekretärin, Frau Hoffmann, öffnet. „Ja bitte? Was gibt's?“

Zuerst seid ihr ein bisschen schüchtern, dann ergreift Clara das Wort. „Entschuldigen Sie, Frau Hoffmann. Wir sind aus der ersten Klasse bei Frau Winter. Uns fehlt das Geld aus unserer Klassenkasse. Wissen Sie vielleicht, ob irgendjemand einen Umschlag hier abgegeben hat?“

Frau Hoffmann wirkt erstaunt. „Nein, da wurde kein Umschlag abgegeben. Eure Lehrerin war auch nicht bei mir, um Geld einzuzahlen. Meint ihr, jemand hat es gestohlen?“

Ihr zuckt mit den Schultern. „Wir wissen es nicht. Frau Winter kann sich nicht erklären, wo das Geld hin ist. Vielleicht hat die Schulleiterin es weggebracht, ohne ihr Bescheid zu sagen?“

Die Sekretärin lächelt. „Da würde ich euch raten, Frau Schneider selbst zu fragen. Sie ist momentan in einer Besprechung, aber vielleicht hat sie später Zeit.“

Ihr bedankt euch, habt aber nicht das Gefühl, dass euch das groß weiterbringt. Wo könnte das Geld bloß sein?

Ein Hinweis aus unerwarteter Quelle

Eure Spurensuche gerät fast ins Stocken, als ihr plötzlich im Pausenhof mitbekommt, wie zwei Kinder aus eurer Parallelklasse tuscheln. „Hast du gehört? Ein paar Fünftklässler haben am Wochenende im Schulgebäude für ein Projekt geprobt. Irgendwas mit Theater oder so.“ – „Echt? Dann waren doch Leute im Haus. Vielleicht haben sie was gesehen!“

Ihr horcht auf. Theater-AG? Sie könnte am Wochenende geübt haben? Das war euch neu. Vielleicht hat einer der Fünftklässler den Umschlag gesehen oder sogar mitgenommen, weil er dachte, er liege dort versehentlich herum.

Kurze Zeit später macht ihr euch auf den Weg, die Theater-AG zu finden. Ihr wisst, dass es in der Aula manchmal Proben gibt. Dort angekommen, seht ihr, wie ein paar Fünftklässler Kulissen schieben. Zögernd nähert ihr euch.

„Entschuldigung…“, beginnt Clara, „wir suchen jemanden, der am Wochenende hier in der Schule war und vielleicht einen Umschlag mit Geld gesehen hat.“ Ein blondes Mädchen dreht sich um. „Meint ihr die Klassenkasse aus der 1A?“, fragt sie überraschend. Ihr spürt einen kleinen Adrenalinstoß. „Ja, genau die!“

Das Mädchen zuckt mit den Schultern. „Kein Plan, ich habe davon gehört, dass Geld fehlt. Aber wir haben nur in der Aula und im Musikraum geprobt. In eurer Klasse waren wir nicht. Vielleicht war irgendwer anderes unterwegs?“

Sichtlich enttäuscht dankt ihr und zieht euch zurück. Also doch keine Spur.

Verdächtige Eile beim Aufräumen

Am nächsten Tag sitzt ihr nach Schulende wieder zusammen im Klassenzimmer, um noch einmal gründlich zu suchen. Ihr überlegt, welche Person eure Klasse wohl betreten haben könnte. Frau Winter? Der Hausmeister? Die Schulleiterin? Die Putzkraft? Fünftklässler? Oder ein ganz anderer Gast?

Während ihr so grübelt, fällt euer Blick zufällig auf etwas Neues: In einem großen Regal, in dem Frau Winter normalerweise Bücher und Ordner lagert, fehlen plötzlich zwei Ordner. Stattdessen liegen dort unordentlich gestapelte Arbeitsblätter. „Seltsam", sagt Felix. „Vorhin habe ich noch gesehen, dass dort alles ordentlich sortiert war."

Clara zieht die Blätter hervor. Dahinter liegt ein kleiner Karton. Neugierig hebt sie den Deckel ab. Der Karton ist leer, aber riecht ein bisschen muffig nach altem Papier. Plötzlich entdeckst du, Jonas, an der Innenseite einen winzigen Klebestreifenrest. „Hier war vielleicht mal ein Umschlag dran?", rätst du.

Noah klopft an den Boden des Kartons. Er ist fest. Nichts darunter. Ihr könnt euch keinen Reim drauf machen. Also stellt ihr den Karton zurück.

Der rätselhafte Zettel

Während ihr am nächsten Vormittag wieder im Unterricht sitzt, musst du immer an diesen merkwürdigen Zettel denken, den ihr bei der Heizung gefunden habt. „...leg ihn zu den anderen Sachen..." Was könnte das bedeuten? Zu welchen anderen Sachen? Heißt es, dass jemand den Umschlag zu anderen Umschlägen gelegt hat?

Plötzlich kommt dir eine Idee: Vielleicht handelt es sich um eine Art interne Notiz. So nach dem Motto: „Leg das Geld zu den anderen Materialien." War da nicht eine Stelle im Flur, wo Frau Winter gelegentlich Papiere für den Förderverein sammelt? Du hast sowas vage in Erinnerung.

In der nächsten Pause läufst du mit Noah dorthin. Da steht tatsächlich ein kleiner Tisch, auf dem manchmal Umschläge liegen, die Eltern für den Förderverein abgeben. Doch heute ist dort nichts zu sehen. Ihr klopft bei Frau Winter an und fragt offen: „Entschuldigung, gab es vielleicht eine Sammelstelle, wo man Umschläge hinlegen sollte?"

Frau Winter schüttelt den Kopf. „In letzter Zeit nicht. Wir sammeln gerade nichts ein. Wieso?" Ihr zuckt die Achseln und murmelt: „Nur so, wir hatten was davon gehört." Offenbar keine weitere Spur.

Ein Missverständnis klärt sich

Nachmittags habt ihr gerade Sport in der Turnhalle und seid anschließend müde und verschwitzt. Doch euer Detektivinstinkt brennt. Auf dem Rückweg in die Umkleide begegnet ihr Frau Schneider, der Schulleiterin. Jetzt ist eure Chance, sie endlich auf den Umschlag anzusprechen!

Ihr fasst euch ein Herz und fragt sie: „Frau Schneider, Entschuldigung... Wir haben gehört, Sie waren am Samstag in den Klassenräumen. Haben Sie zufällig unsere Klassenkasse gefunden?“ Die Schulleiterin sieht euch mit gerunzelter Stirn an, dann lacht sie plötzlich. „Ach, ihr seid also die kleinen Detektive, von denen ich schon gehört habe! Ja, ich war in der Schule, aber nur in den oberen Räumen. Unten war ich nicht. Ich habe definitiv keinen Umschlag gesehen.“

Eure Gesichter werden lang. Also nichts. Frau Schneider legt beruhigend die Hand auf Claras Schulter. „Aber wisst ihr was? Ich habe eben im Lehrerzimmer gehört, dass Frau Winter eine alte Kiste mit Unterrichtsmaterial entsorgen wollte, die seit Ewigkeiten in der Ecke stand. Vielleicht hat jemand gedacht, ihr Umschlag gehöre dazu und hat ihn versehentlich fortgeräumt. Könnte das sein?“

Ihr macht große Augen. „Eine alte Kiste...“, murmelt Felix. „Meint sie etwa den Karton, den wir gefunden haben?“ Die Schulleiterin nickt. „Ja, möglicherweise. Fragt Frau Winter mal danach.“

Auflösung – Der Umschlag im Müll?

Kaum habt ihr Sport beendet, lauft ihr direkt zu Frau Winter. Ihr berichtet ihr von der Kiste, die im Regal stand. Sie schlägt sich vor die Stirn. „Oh, ich erinnere mich! Ich wollte tatsächlich ein paar ganz alte Arbeitsblätter in den Papiermüll geben. Der Karton stand ewig herum. Hat jemand von euch da reingeschaut, ob der Umschlag vielleicht mit hineingerutscht ist?“

Ihr erzählt ihr, dass ihr ihn leer gefunden habt. Frau Winter denkt scharf nach. „Wenn der Umschlag dadrin war und keiner es gemerkt hat, könnte er bereits entsorgt worden sein. Vielleicht ist er auf dem Weg ins Altpapier? Das wäre schlimm!“

Ein Schauer durchfährt euch. Die Vorstellung, dass euer Klassenkassen-Geld mitsamt nutzlosen Papieren fortgeworfen wurde, ist ziemlich bitter. Ihr lauft mit Frau Winter zum großen Müllcontainer hinter der Schule. Tatsächlich stehen dort mehrere blaue Tonnen für Altpapier. Mit etwas Glück ist die Leerung noch nicht erfolgt.

Und so beginnt eine unangenehme, aber notwendige Aktion: Ihr durchwühlt zusammen mit Frau Winter (und ein paar anderen Kindern, die helfen wollen) die Papiermülltonnen nach einem braunen Umschlag. Ein schmutziger, staubiger Job, der euch aber nicht abschreckt. Nach einigem Wühlen taucht plötzlich Noah mit triumphierendem Aufschrei auf: „Hier ist er!“

Der Umschlag ist feucht und leicht eingerissen, aber eindeutig der Klassenkassen-Umschlag. Frau Winter reißt ihn vorsichtig auf – und tatsächlich, die Geldscheine und Münzen sind noch drin! Ein kräftiges Jubeln bricht aus. Euch fällt ein Stein vom Herzen.

Ein Missgeschick statt eines Diebstahls

Wenig später sitzt ihr mit Frau Winter in der Klasse. Ihr seid glücklich, dass das Geld nicht verloren ist. Frau Winter sieht erleichtert aus. „Das war wohl ein großes Missverständnis“, meint sie. „Ich muss den Umschlag am Freitag versehentlich in den Karton gelegt haben. Dann haben wir den Karton für Altpapier aussortiert, ohne nochmals nachzusehen. Ich bin so froh, dass ihr so hartnäckig nachgeforscht habt!“

Ihr vier Schultütendetektive strahlt. Ein Diebstahl war es also nicht, sondern ein simpler Fehler. Aber ein ziemlich teurer Fehler wäre es gewesen, wenn das Geld wirklich abgeholt und vernichtet worden wäre!

Frau Winter bedankt sich bei euch. „Ich hab gehört, ihr habt bei anderen Lehrern nachgefragt, sogar bei der Schulleiterin und der Sekretärin. Ihr seid richtige Detektive, so wie man es von euren kleinen Abenteuern schon hört. Super gemacht!“

Eure Brust schwillt vor Stolz. Und das Beste: Der Wandertag kann doch stattfinden!

Mitmach-Rätsel: Buchstaben-Puzzle zur Klassenkasse

Zum Ende dieses Kapitels haben wir wieder ein Mitmach-Rätsel für dich. Stell dir vor, das Wort KLASSENKASSE ist durcheinandergewirbelt. Zum Beispiel:

- K, L, A, S, S, E, N, K, A, S, S, E

Jetzt verteile die Buchstaben wild durcheinander auf deinem Blatt und versuche, sie in die richtige Reihenfolge zu bringen, sodass am Ende KLASSENKASSE entsteht. Oder du denkst dir ein eigenes Wort aus – vielleicht „SCHULTÜTENDETEKTIVE“ – und mischst die Buchstaben durcheinander, um sie anschließend richtig zu sortieren.

Wenn du magst, kannst du die Buchstaben auch ausschneiden und Puzzleteile daraus machen. Dann kannst du oder deine Freunde testen, wer sie am schnellsten zusammensetzen kann. Eine witzige kleine Übung, die dich an den Fall der verschwundenen (und wiedergefundenen) Klassenkasse erinnert.

Die Sache mit dem verschwundenen Geld hat sich als harmloser Fehler herausgestellt – kein Diebstahl und kein komplottes Geheimnis. Trotzdem war es ein echter Detektivauftrag, denn niemand wusste zunächst, wo die Klassenkasse abgeblieben war. Dank eurer Ausdauer und eures Spürsinns konnte der Fall gelöst werden und Frau Winter weiß nun, dass sie beim Aufräumen besser aufpassen sollte.

Die Sonne scheint durch die Fenster, als du an diesem Morgen in die Schule kommst. Du bist gut gelaunt, denn heute steht ein ganz besonderer Programmpunkt auf dem Plan: Eure Klasse unternimmt einen Ausflug in die Schulbibliothek, um dort spannende Bücher zu entdecken. Normalerweise ist die Bibliothek nur in den Pausen oder am Nachmittag zugänglich, wenn die Bibliothekarin, Frau Brandt, da ist. Doch heute begleitet Frau Winter eure gesamte Klasse dorthin.

Du sitzt in der ersten Reihe zusammen mit deinen Freunden Noah, Clara und Felix. Ihr vier nennt euch seit einiger Zeit die „Schultütendetektive", denn ihr habt schon etliche schulische Rätsel gelöst: Mal ging es um grüne Fußabdrücke im Flur, mal um verschwundene Pausenbrote oder seltsame Geräusche im Musikraum. Innerlich hoffst du, dass sich auch heute etwas Geheimnisvolles ereignet.

Bevor es losgeht, verkündet Frau Winter: „Wir gehen jetzt in die Bibliothek. Dort zeigt uns Frau Brandt die verschiedenen Bereiche. Denkt an die Ruhe, denn andere Schüler möchten vielleicht lesen oder arbeiten." Ihr nickt eifrig und stellt euch in Zweier-Reihen auf.

Erster Eindruck und eine seltsame Entdeckung

Der Schulflur ist an diesem Tag besonders belebt. Lehrer tragen Bücherstapel an euch vorbei, ein quietschender Materialwagen rollt durch die Gänge, älteren Schülern huscht ihr aus dem Weg. Schließlich steht ihr vor der hohen Holztür mit dem verschnörkelten Schild „Bibliothek“. Als Frau Winter klopft und öffnet, strömt euch der Geruch von Papier und Tinte entgegen.

Drinnen reihen sich hohe Regale voller Bücher aneinander. In der Raummitte stehen bequeme Sessel und Tische, an denen einzelne Schüler lesen. Hinten siehst du einen grünen Teppich, auf dem zwei Kinder flüsternd beisammensitzen. Die Stimmung ist fast magisch – still und doch vor Spannung knisternd.

Frau Brandt, die Bibliothekarin, begrüßt euch mit freundlichem Lächeln. Sie erklärt kurz die Regeln: sorgsamer Umgang mit den Büchern und leise Gespräche. Anschließend zeigt sie euch, wo Erstlesebücher, Sachbücher und Comics zu finden sind.

Während Noah sich für ein Dinosaurierbuch begeistert und Clara ein Märchenbuch findet, schweift dein Blick in eine abgelegene Ecke der Bibliothek. Dort oben, auf einem älteren und staubigeren Regal, entdeckst du eine große Glasflasche mit Korken. Etwas Papierförmiges scheint darin zu stecken. Du musst unwillkürlich an eine Piraten-Flaschenpost denken.

Als du nähertrittst, erscheint Frau Brandt an deiner Seite und folgt deinem Blick. „Interessiert dich diese Flasche?“, flüstert sie. „Man erzählt, dass sie schon vor vielen Jahren hier gefunden wurde. Keiner weiß mehr genau, wer sie hingestellt hat. Seitdem steht sie dort – ungeöffnet.“

Du runzelst die Stirn: „Warum hat sie denn niemand herausgenommen?“ Frau Brandt hebt die Schultern. „Vielleicht ist das Glas zerbrechlich, vielleicht wollte man nichts zerstören. Gerüchte sagen, sie sei Teil eines alten Schulprojekts. Wenn du möchtest, kannst du versuchen, mehr herauszufinden – sei nur vorsichtig!“

Ein Kribbeln steigt in dir auf. Genau das ist doch etwas für euch Schultütendetektive! Du rufst Noah, Clara und Felix herbei und zeigst ihnen die geheimnisvolle Flasche. „Wie im Piratenfilm!“, haucht Noah begeistert. Clara vermutet eine Schatzkarte darin, während Felix auf einen seltsamen Brief tippt. Ganz klar: Ihr wollt dieses Rätsel lüften.

Der Korken löst sich

Ihr fragt Frau Brandt höflich, ob ihr die Flasche näher anschauen dürft. Sie zögert, doch als sie euer ehrliches Interesse sieht, holt sie kurzerhand einen Tritthocker, um das Glasbehältnis vorsichtig vom Regal zu nehmen. Behutsam stellt sie die Flasche auf einen Tisch, den Blick stets wachsam auf euch gerichtet.

Du, Jonas, nimmst all deinen Mut zusammen und drehst ganz langsam am Korken. Der sitzt fest, lässt sich aber nach etwas Ruckeln lösen. Clara macht dich nervös, weil sie ständig auf die Uhr schielt: „Beeil dich, bevor Frau Winter uns zurückruft!“ Felix hält den Atem an. Endlich ziehst du den Korken heraus und ein muffiger Geruch steigt auf, als würdest du einen alten Keller betreten.

Ihr neigt die Flasche vorsichtig. Ein zusammengerolltes Papier rutscht bis zum Hals. Behutsam ziehst du es hervor. Das Papier wirkt brüchig, doch die darauf befindlichen Symbole sind eindeutig sichtbar: geschwungene Linien, Kreise, Dreiecke, dazu seltsame Zahlen. Eine unverständliche, fast fremde Schrift.

„Das sieht nach einem Code aus!“, flüstert Noah. Clara deutet auf die Zahlen. „Vielleicht eine Kombination? Oder eine Schatzkarte?“ Felix ist Feuer und Flamme, du selbst spürst das Detektivfieber.

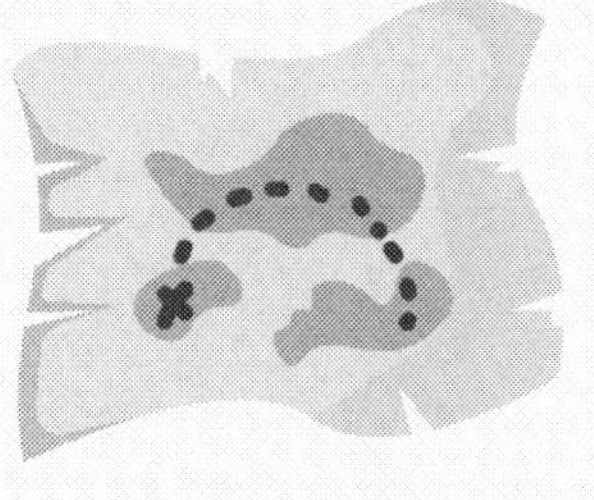

Frau Brandt lächelt über eure Begeisterung und lässt euch das Blatt kurz untersuchen. Dann ruft Frau Winter eure Klasse zusammen: „Zeit zum Aufbruch!“ Da bleibt euch nichts anderes übrig, als die Flasche samt Zettel zurückzugeben. Frau Brandt verspricht jedoch, das Original sorgfältig zu verwahren und euch am nächsten Tag eine Kopie auszuhändigen.

Auf dem Rückweg in die Klasse diskutiert ihr vier leise. Eine echte Flaschenpost! Entweder hat sie jemand aus Spaß dort platziert oder es steckt eine bedeutende Botschaft dahinter. Ihr spürt, dass dieses Rätsel gelöst werden muss – und ihr seid fest entschlossen, es zu knacken.

Die Kopie der geheimen Botschaft

Am nächsten Morgen haltet ihr es kaum aus. Schon vor Unterrichtsbeginn schleicht ihr euch in die Bibliothek. Frau Brandt begrüßt euch und überreicht ein Blatt Papier: die Kopie des Flaschenpost-Inhalts. „Viel Erfolg beim Entschlüsseln!“, sagt sie und zwinkert.

Ihr blickt auf die Zeichen und Zahlen: Kreise mit Punkten, Dreiecke mit Linien, darunter Reihen wie „3, 14, 9, 2“ oder andere Ziffernfolgen. Frau Brandt hat keine Ahnung, was es bedeuten könnte. Also liegt es an euch, das Geheimnis zu lüften.

Noch bevor die Schulglocke läutet, seht ihr flüchtig auf das Blatt. „Sicher ein Code“, meint Noah. „Wir treffen uns in der großen Pause und probieren es.“

Den Vormittag über grübeln alle heimlich vor sich hin, während Frau Winter Mathe und Deutsch unterrichtet. In der großen Pause findet ihr euch in einer ruhigen Ecke auf dem Schulhof zusammen. Felix breitet die Kopie aus.

Erste Entschlüsselungsversuche

Zunächst versucht ihr, die Zahlenreihen mit dem Alphabet zu verbinden: A=1, B=2, C=3 usw. Bei „3, 14, 9, 2“ erhaltet ihr „C, N, I, B“ – „CNIB“. Das scheint nichts Sinnvolles zu ergeben. Clara schlägt vor, ob man die Zahlen addieren müsse, Noah tippt auf Koordinaten, Felix erwähnt Pi (3,14) als Kreiszahl. Nichts passt so recht zusammen.

Ihr seid ratlos, als schon wieder der Pausengong ertönt. Zurück im Klassenzimmer müsst ihr euch erneut dem Unterricht widmen. Doch der Gedanke an die Flaschenpost spukt in euren Köpfen.

Nach Schulschluss setzt ihr euch zusammen und diskutiert weiter. „Vielleicht bedeuten die Symbole, wie man mit den Zahlen umgehen soll“, überlegt Noah. „Das Dreieck könnte etwas Mathematisches andeuten – Teilen, Multiplizieren?“ Clara schaut zweifelnd. Felix tippt darauf, dass hinter den Zeichen ein Hinweis auf Orte oder Bücher stecken könnte.

Du entdeckst auf dem Blatt ein kaum sichtbares Icon: ein aufgeschlagenes Buch mit drei welligen Linien darüber. „Ein Buch und Wellen?“, fragst du. „Wir haben es doch mit einer Flaschenpost zu tun – vielleicht ein Hinweis auf ein bestimmtes Buch, das in der Bibliothek steht?“ Diese neue Vermutung bringt frischen Schwung in eure Ermittlungen.

Ein Regal voller Ozeane

Am nächsten Tag in der großen Pause kehrt ihr alle vier in die Bibliothek zurück. Nun sucht ihr gezielt nach einem Buch, das zu den Symbolen der Flaschenpost passen könnte. Ihr schlendert an den Regalen vorbei, seht nach Schildern wie „Märchen“, „Tiere“, „Wissen“.

Irgendwann stoßt ihr auf einen Bereich namens „Unsere Seen und Meere“. Das passt zu einer Flaschenpost, denkt ihr. Vielleicht wurde sie einst im Wasser gefunden und hier in der Schule abgegeben. Noah greift ein Buch namens Weltmeere, Clara nimmt Geheimnisvolle Inseln, Felix blättert in Korallenriffe.

Dein Finger fährt über die Buchrücken, bis du auf ein besonders altes, vergilbtes Exemplar triffst. Der Titel ist kaum lesbar, irgendetwas mit „Ozean“ oder „Geschichten“. Auf dem Einband erkennst du jedoch ein Symbol: ein Dreieck mit einer Linie in der Mitte, genau wie auf eurer Kopie. Dir bleibt fast der Atem weg.

Vorsichtig ziehst du das Buch heraus und zeigst es den anderen. Innen klebt ein Exlibris mit geschwungener Handschrift: „Diese Sammlung alter Seemanns-Legenden gehört dem Literaturclub von 19XX“. Das genaue Jahr ist verblasst. Darunter seht ihr wieder das Dreieck. Voller Spannung beginnt ihr zu blättern.

„Arche?", murmelt Felix. „Wie die Arche Noah? Oder eine Projektgruppe?" Clara versucht, die Zahlen mittels A=1, B=2 usw. zu entschlüsseln. „9 ist I, 2 ist B, 11 ist K, 5 ist E – IBKE? Komisch." Ihr dreht das Blatt, haltet es ins Licht, findet aber keine weiteren Hinweise.

Eine vergessene Projektgruppe?

Um keine Unruhe zu stiften, steckt ihr den Fund erst mal ein. Frau Brandt arbeitet derweil an einem anderen Tisch und sieht euch nur kurz lächelnd zu. Offenbar traut sie euch zu, pfleglich mit den alten Dokumenten umzugehen.

Draußen auf dem Schulhof breitet ihr die Karte erneut aus und studiert jedes Detail. Sie scheint nicht das Schulgelände zu zeigen, eher eine Übersicht mit Symbolen, die Räume oder Abschnitte darstellen könnten. Ein Kästchen ist wie ein Tor gezeichnet.

„Ich habe mal gehört, dass es früher eine ‚Arche-AG' gab", sagt Felix plötzlich. „Eine Gruppe, die sich wohl für den Erhalt alter Schulsachen oder die Restaurierung von Büchern eingesetzt hat." Möglicherweise ist dieser Plan Teil des früheren Projekts.

„Dann müssen wir wohl mehr über diese AG erfahren", meint Noah. „Wir könnten Lehrer befragen, die schon lange hier sind." Doch für den Moment beschließt ihr, die Bibliothek weiter im Auge zu behalten. Vielleicht tauchen dort noch weitere Hinweise auf.

Mitmach-Rätsel: Deine eigene Geheimschrift

Bevor die Geschichte weitergeht, kannst du selbst ein wenig rätseln. Stell dir vor, du erfindest eine ähnliche Zeichen-Sprache wie auf dem Flaschenpost-Papier. Eine Beispielzuordnung könnte so aussehen:

- Kreis = A
- Dreieck = B
- Quadrat = C
- Stern = D
- Herz = E

Schreibe eine kurze Nachricht – zum Beispiel „ABC“ – in Symbolen: Kreis – Dreieck – Quadrat. Nimm dir Zeit, um für das ganze Alphabet eigene Zeichen auszudenken. Überrasche Freunde oder Familie damit, lass sie knacken, welcher Buchstabe sich hinter welchem Symbol verbirgt. So kannst du selbst zum kleinen „Geheimagenten“ werden, genau wie die Schultütendetektive!

Ein ungeklärtes Rätsel und viele Fragen

Das war ein aufregender Tag: Ihr habt die Flaschenpost genauer untersucht, versucht, den Code zu knacken, und schließlich eine alte Karte in einem verstaubten Seemanns-Buch gefunden. Offenbar führt dieser Fund zu etwas namens „ARCHE“, das in Verbindung mit einer längst vergangenen Projektgruppe stehen könnte.

Eure Köpfe schwirren vor unbeantworteten Fragen:
Wer hat die Flasche damals hier abgestellt?
Was bedeuten die Symbole und Zahlen genau?

Ist „ARCHE“ ein Raum in eurer Schule oder etwas anderes?
Was könnte in dem Raum oder an dem Ort versteckt sein?

Ihr seid fest entschlossen, die Spurensuche fortzusetzen. Und ganz gleich, ob es sich um einen alten Schulstreich oder ein echtes Geheimnis handelt – ihr wollt die Wahrheit ans Licht bringen.

Spurensuche auf dem Schulhof

Die Tage vergehen und du hast das Gefühl, dich immer tiefer in ein Mysterium zu verstricken, das dich nicht mehr loslässt. Seit ihr in der Schulbibliothek auf diese seltsame Flaschenpost gestoßen seid, kreisen deine Gedanken ununterbrochen um die geheimnisvollen Symbole, die rätselhafte „Arche“ und die Frage, wer all das angelegt hat.

Auch deine besten Freunde – Noah, Clara und Felix – sind voller Eifer. Jeder hat seine eigene Theorie:

- **Clara** vermutet ein verborgenes Zimmer, in dem die alte Arche-AG ihre „Schätze“ deponiert hat.
- **Noah** schwört, es müsse sich um einen Geheimgang handeln, der zu einem Keller oder Tunnel führt.
- **Felix** vermutet eher eine Art Archiv, in dem besondere Dokumente versteckt liegen.

Und du selbst, **Jonas**, grübelst darüber nach, wer wohl diese Spuren hinterlassen hat – und warum.

Doch trotz aller Aufregung vergeht die Zeit ganz normal. Ihr habt Unterricht in Mathe, Deutsch, Kunst und Sport. Die Pausen verfliegen hektisch, und so könnt ihr nur sporadisch an eurer Detektivarbeit weiterdenken. Du wünschst dir, endlich einmal ein paar Stunden am Stück zu haben, um alles gründlich zu erforschen.

Das Frühlingsfest als Chance

Dann kommt der Freitag, an dem auf dem Schulhof ein kleines Frühlingsfest stattfindet. Der Elternbeirat organisiert Stände mit Kuchen und Bastelaktionen, und ab Mittag dürfen alle Klassen draußen mitmachen. Während die meisten Kinder fröhlich in die Sonne strömen, siehst du darin eine gute Gelegenheit: Vielleicht ist jetzt genug Zeit und Trubel, um unauffällig nach Spuren zu suchen.

Als nach der vierten Stunde der Gong ertönt und das Fest startet, herrscht auf dem Schulhof sofort ein buntes Gewimmel. Eltern verkaufen selbstgebackenen Kuchen, Lehrer beaufsichtigen Spiele, bunte Luftballons schmücken Zäune und Tische. Die Frühlingssonne macht alle heiter und energiegeladen.

Du aber konzentrierst dich mehr auf den Rand des Geschehens. **Noah** begleitet dich, während **Clara** und **Felix** schon vorausgehen. „Wenn die alte Karte aus dem Buch wirklich auf den Schulhof verweist“, sagt Noah leise, „finden wir vielleicht Markierungen oder eingeritzte Zeichen. Irgendetwas, das zur Flaschenpost passt.“

So schlendert ihr zu zweit am Turnhallen-Trakt vorbei. Hier hinten ist es ruhiger, die meisten Kinder sind vorne an den Ständen. Nur eine dichte Hecke trennt euch vom Nachbargrundstück. Plötzlich hörst du **Clara** rufen: „Hey, kommt mal her!“

Erster Fund am Mauervorsprung

Die beiden anderen stehen an einem niedrigen Mauervorsprung, der mit Moos bewachsen ist. „Guckt euch das an!“, sagt Clara und zeigt auf eine Stelle im Stein. Tatsächlich entdeckst du dort ein eingeritztes Symbol – ein kleines Dreieck mit einem Strich. Es ähnelt verblüffend dem Symbol, das ihr bereits auf dem Flaschenpost-Papier und im Seemanns-Buch in der Bibliothek gesehen habt.

Dein Herz klopft schneller. Offensichtlich ist das kein Zufall. Das Dreieck ist teils vom Moos verdeckt, aber dennoch erkennbar. **Felix** bückt sich und meint: „Und das da sieht aus wie Wellen, oder? Vielleicht soll es Wasser darstellen?“ Du nickst. Vor deinem inneren Auge erscheint sofort die Flasche mit den wellenförmigen Symbolen.

Bevor ihr weiter rätseln könnt, taucht Frau Winter auf. „Ihr vier, was treibt ihr denn hier hinten? Kommt ihr nicht zum Fest? Der Kuchen ist fast weg!“ Ihr lächelt unschuldig. „Wir wollten nur ein bisschen rumschauen, weil hier so eine schöne Ecke ist.“ Frau Winter scheint zufrieden, bittet euch aber, euch nicht zu weit vom Hauptbereich zu entfernen.

Als sie weg ist, beugt sich Clara wieder zum Stein. „Vielleicht ist das nur einer von mehreren Hinweisen“, flüstert sie. „Lass uns den Hof absuchen. Es könnte noch mehr Symbole geben.“ **Felix** stimmt zu. „Wir teilen uns am besten auf.“

Noah lacht erst kurz („So was klingt immer nach Agentenfilm“), doch schließlich ist er einverstanden: Der Schulhof ist groß, und ihr wollt nicht ewig an derselben Stelle rumstehen.

Systematische Suche auf dem Hof

Gesagt, getan: **Clara** und **Felix** nehmen sich den Bereich hinter der Turnhalle und die Fahrradständer vor, während du mit **Noah** zum Schulgarten geht. Dort wächst in Hochbeeten allerlei Grünzeug, und dahinter steht ein Gartenschuppen.

Ihr blickt in jede Ecke, checkt Mauern und Bodenplatten. „Da drüben sieht's verdächtig aus!", ruft Noah plötzlich. Hinter einem Stapel alter Gießkannen siehst du einen flachen Stein, der halb in den Boden eingelassen ist. Genau wie am Mauervorsprung erkennt ihr ein Dreieck – schwach, aber sichtbar. Der Stein ist so verschmutzt, dass man kaum mehr erkennt, was drumherum eingeritzt war.

Vorsichtig kratzt du etwas Schmutz zur Seite. Tatsächlich tauchen da angedeutete Linien auf. Vielleicht sollten sie Wellen darstellen – oder Buchstaben? In jedem Fall wirkt es, als hätte hier irgendwann jemand ein Symbol eingehauen, das nun weitgehend verwittert ist. „Zweites Dreieck", murmelst du und siehst Noah an. „Definitiv kein Zufall."

Kurz danach trefft ihr euch wieder mit **Clara** und **Felix** an der vereinbarten Stelle. Sie sind ebenfalls fündig geworden: „Hinterm Fahrradständer ist ein abgeplatzter Putzfleck“, berichtet Felix, „und darunter steht eine eingeritzte Zeichnung, die wie ein Segelboot aussieht.“ Clara ergänzt: „Darunter steht krakelig ‚Bleibt mutig.‘ Teilweise abgebröckelt, aber noch lesbar.“

Drei Stellen habt ihr also entdeckt:

1. Mauer mit Dreieck und Wellenmuster
2. Verwitterter Stein mit Dreiecksgravur
3. Wand beim Fahrradständer, eingeritztes Segelboot + „Bleibt mutig“

Dass all das kein Zufall ist, steht außer Frage. Aber ehe ihr weitergraben könnt, ist das Frühlingsfest bereits im Aufräummodus. Die Kuchenteller werden eingesammelt, Eltern bauen die Stände ab, und in wenigen Minuten endet der Schultag.

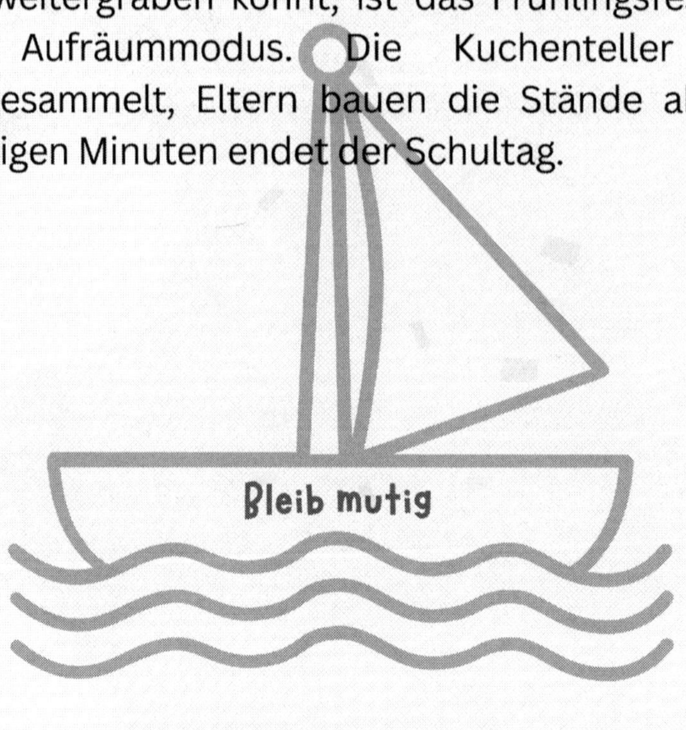

Morgenstunde auf dem Schulhof

Ihr beschließt, euch am nächsten Tag vor Unterrichtsbeginn wieder zu treffen. **Noah** stellt sich extra einen früheren Wecker und so steht ihr am folgenden Morgen – es ist noch frisch und kühl – erneut auf dem Schulhof. Fast niemand ist da. Perfekte Bedingungen, um die Fundstellen genauer zu untersuchen.

Zuerst nehmt ihr euch die moosbewachsene Mauer vor. Im hellen Licht fallen die eingeritzten Linien deutlicher auf. **Felix** hat einen Bleistift und ein Blatt Papier dabei. Behutsam legt er das Papier über die Gravur und schraffiert mit dem Stift, bis sich das Dreieck und die Wellen als Abdruck auf dem Blatt abzeichnen. „So können wir später genauer vergleichen“, sagt er stolz.

Anschließend geht ihr zum Stein im Schulgarten. Diesmal habt ihr eine kleine Bürste dabei. Vorsichtig kehrt ihr Erde und Moos weg, um mehr vom Symbol freizulegen. Aber der Großteil ist so verwittert, dass nur noch ein Dreieck erkennbar bleibt. Vielleicht war es früher eine komplexere Gravur, jetzt ist sie kaum noch zu deuten.

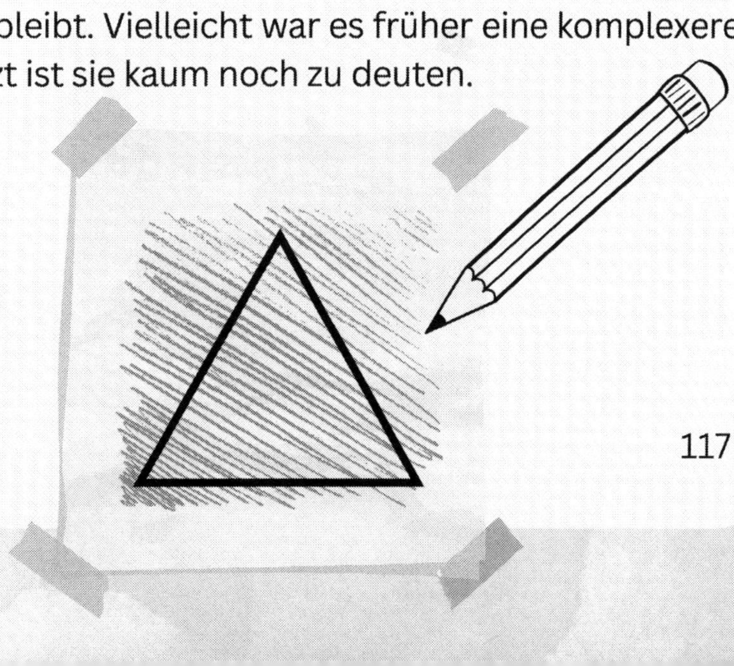

Zuletzt geht ihr zum Fahrradständer, wo das „Segelboot“ eingeritzt wurde. Dort wiederholt **Clara** die Methode mit Papier und Bleistift. Das Wort „Bleibt mutig“ ist allerdings so abgeblättert, dass nur noch ein Teil davon auf dem Durchpausen-Abdruck erkennbar ist. Trotzdem habt ihr jetzt Kopien von allem, was ihr gefunden habt.

Ihr fühlt euch nun tatsächlich wie Detektive, die Beweise gesichert haben. Doch noch immer wisst ihr nicht, wie ihr die einzelnen Hinweise miteinander verbinden sollt.

Ein Gespräch mit Frau Brandt

In der großen Pause desselben Tages lauft ihr zur Bibliothek, wo Frau Brandt an ihrem Schreibtisch sitzt. Leise berichtet ihr von euren Funden: den eingeritzten Dreiecken, den Wellenlinien, dem Segelboot und der rätselhaften Botschaft. **Frau Brandt** lauscht fasziniert.

„Das klingt nach etwas, das eine alte Gruppe von Schülern gemacht haben könnte“, sagt sie. „Ich weiß noch, dass es hier mal eine Projektgruppe oder AG gab, die sich intensiv mit alten Geschichten und Büchern beschäftigt hat – manche behaupteten, sie hätten überall in der Schule Spuren hinterlassen. Aber das war vor meiner Zeit, ich kann es nicht mit Sicherheit sagen.“

Sie schlägt vor, ihr könntet **Herrn Meier** fragen, einen älteren Lehrer, der schon seit Jahrzehnten an der Schule ist und viele Geschichten kennt. Dankbar folgt ihr ihrem Rat.

Besuch bei Herrn Meier

Nach Schulschluss klopft ihr an die Tür von Herrn Meier. Er sitzt zwischen Bücherstapeln und Korrekturheften. Als ihr vorsichtig „Arche-AG“ erwähnt, hebt er den Kopf. „Ach, ihr seid diese kleinen Spürnasen“, sagt er schmunzelnd. „Dann erzählt mal.“

Ihr berichtet im Schnelldurchlauf von der Flaschenpost, dem Seemanns-Buch, den Symbolen und dem Wort „Arche“. Herr Meier lehnt sich in seinem Stuhl zurück und fängt an, sich zu erinnern: „Ja, in den 80ern gab es tatsächlich eine Gruppe namens ‚Arche‘. Die wollten wohl das Schulwissen ‚retten‘, indem sie Dokumente sammelten und vielleicht versteckten. Man munkelte damals, sie hätten sich gegenseitig wie Schatzsucher verhalten, überall Zeichen hinterlassen, damit später einmal jemand ihre ‚Zeitkapseln‘ findet. Ich habe das aber nur am Rande mitbekommen, war damals selbst noch relativ neu.“

Ihr seid begeistert. „Also wäre es durchaus möglich, dass diese Gravuren aus jener Zeit stammen?“, fragt Clara. Herr Meier nickt. „Gut möglich. Wenn ihr all diese Hinweise gefunden habt, ist das sicher kein Zufall. Ob die AG allerdings wirklich Schatzkisten oder geheime Räume geschaffen hat, weiß ich nicht. Ein paar Leute erzählten solche Gerüchte.“

Noah schaut gespannt. „Dann müssten wir alle Hinweise sammeln, um herauszufinden, wo die Arche-AG ihre Sachen gelassen hat.“ Herr Meier lächelt. „Klingt sinnvoll. Aber bitte: Passt auf und macht nichts Verbotenes. Keine Löcher graben ohne Erlaubnis, keine Wände aufbrechen, klar?“

Ihr versprecht es und bedankt euch. Herr Meier scheint sich über eure Neugier zu freuen, weist aber darauf hin, dass man den normalen Schulbetrieb nicht stören dürfe.

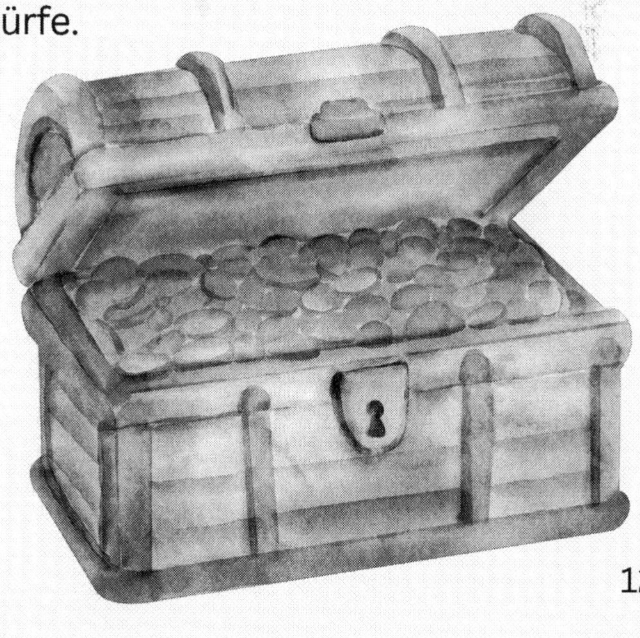

Detektivrevier in Jonas' Zimmer

Später am Nachmittag kommt ihr alle zu dir nach Hause, Jonas. Ihr breitet die Bleistiftabdrücke und eure Notizen auf dem Boden aus. Mit dabei habt ihr auch die Kopie der alten Karte aus dem Seemanns-Buch, in der Kreise, Dreiecke und wellenförmige Linien zu sehen waren.

Ihr stellt fest, dass die Symbole auf dem Schulhof (Dreieck, Wellen, Segelboot) gut zu den Motiven der Karte passen. Allerdings findet sich auf der Karte nicht der Schriftzug „Bleibt mutig“. Ob das nur eine zusätzliche Botschaft war? Oder vielleicht ein Hinweis, dass man den Mut nicht verlieren soll, wenn man dem Rätsel näherkommt?

Etliche Theorien tauchen auf und verschwinden wieder. Manchmal glaubt ihr, eine Spur zu haben, nur um dann festzustellen, dass euch Informationen fehlen. Irgendwann seufzt Felix: „Mir raucht der Kopf. Wir brauchen einen Plan, wie wir weitermachen. Einfach herumrennen und Symbole suchen bringt uns nicht ans Ziel.“

Noah schlägt vor, die Karte nochmal genauer zu interpretieren. Vielleicht stellen die Dreiecke eine Abfolge von Fundstellen dar, oder die Wellen markieren bestimmte Wege. Doch so recht erschließt sich das nicht.

Fragen nach dem Schatz

Kurz bevor ihr euch trennt, fragt Clara: „Glaubt ihr, dass es am Ende wirklich einen Schatz gibt? Oder ist es nur eine Geschichte ohne echtes Ziel?“ Noah antwortet: „In solchen Rätseln steht ‚Schatz‘ manchmal für eine Kiste voller Briefe oder Erinnerungen. Die Leute von der Arche-AG wollten bestimmt eine Nachricht in die Zukunft schicken. Vielleicht sind es Fotos, Briefe oder Zeichnungen.“

Dir gefällt die Vorstellung, auf etwas zu stoßen, das Jahrzehnte alt ist und von ehemaligen Schülern stammt. Manchmal sind es gerade die kleinen Dinge, die zu wertvollen „Schätzen“ werden. „Wir sollten jedenfalls weitermachen“, sagst du. „Irgendwer wollte, dass wir das finden.“

So habt ihr einen Entschluss gefasst: Ihr bleibt dran. Auch wenn ihr noch nicht genau wisst, wo die nächste Spur liegt, seid ihr entschlossen, das Rätsel um die Arche-AG zu lösen.

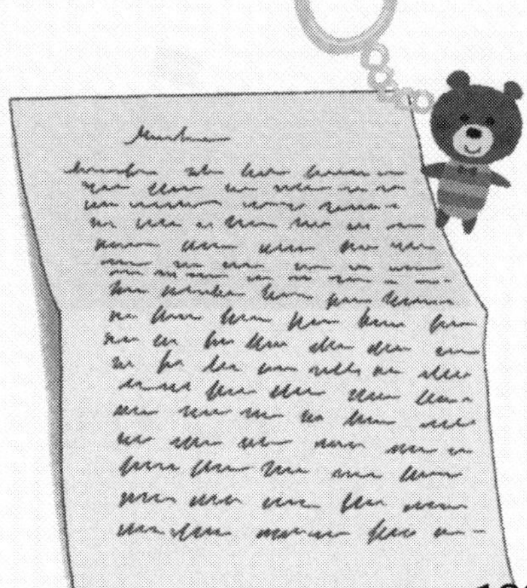

Pläne für die nächste Suche

Am folgenden Tag habt ihr kaum Zeit, miteinander zu reden: Tests in Mathe und Deutsch halten euch auf Trab, und auch in der Pause müsst ihr kurz bei Frau Winter bleiben, um ein Gruppenprojekt zu besprechen. Erst nach Schulschluss könnt ihr für ein paar Minuten zusammenstehen und euch beraten.

Ihr überlegt, ob ihr am Wochenende heimlich auf das Schulgelände schleichen solltet, verwerft die Idee aber. Abgesehen davon, dass es nicht erlaubt ist, wäre der Schulhof wahrscheinlich abgeschlossen. Also müsst ihr euch bis Montag gedulden. Vielleicht könnt ihr da noch einmal in Ruhe nach versteckten Zeichen suchen.

Dennoch brennt das Rätsel in eurem Kopf. Hat die Arche-AG vielleicht Hinweise im Keller hinterlassen? Auf dem Dachboden des alten Schulteils? Oder hat die Turnhalle ein Hinterzimmer, von dem niemand etwas weiß? Der Gedanke, dass es einen geheimen Raum geben könnte, beflügelt eure Fantasie.

Mitmach-Rätsel: Dein eigener Schatzplan

Falls du selbst Lust hast, eine kleine Schatzsuche zu gestalten, kannst du jetzt kreativ werden und dir einen Lageplan deines Schulhofs (oder deines Gartens) zeichnen. Markiere wichtige Punkte wie:

- Turnhalle oder Sportplatz
- Fahrradständer
- Mauern und Ecken, an denen etwas versteckt sein könnte
- Schulgarten oder Hochbeete

Trage dann Symbole ein (z. B. Dreiecke oder wellenförmige Linien) an Stellen, wo du „Geheimbotschaften“ platzieren willst. Überlege dir einen kurzen Spruch wie „Bleibt mutig“ oder ersetze ihn durch einen eigenen Hinweis: „Nur wer genau hinsieht, wird es finden.“ Lasse deine Freunde oder Geschwister raten, was sie dort entdecken können.

So wirst du selbst zum Gestalter einer kleinen Schatzkarte – ganz so wie die damaligen Mitglieder der Arche-AG es vielleicht auch getan haben. Wer weiß, vielleicht versteckst du sogar einen echten Mini-Schatz, den nur findige Detektive aufspüren können!

Ein geheimer Klubraum – Das Versteck im Keller

Ein leises Knistern liegt in der Luft, als du – Jonas – mit deinen Freunden Noah, Clara und Felix in eurer Klassenecke sitzt. Es ist früher Morgen, kurz vor Beginn des Unterrichts. Ihr könnt es kaum erwarten, endlich weiter an eurem großen Rätsel zu arbeiten: den geheimen Spuren, die ihr in den letzten Wochen aufgedeckt habt. Alles dreht sich um die rätselhaften Zeichen, die Flaschenpost aus der Bibliothek, das Seemanns-Buch mit der alten Karte und die mysteriöse „Arche-AG“, die vor vielen Jahren an eurer Schule aktiv war.

Letzte Woche habt ihr sogar Symbole auf dem Schulhof entdeckt, eingeritzte Dreiecke, wellenförmige Muster und den Spruch „Bleibt mutig“. All das lässt darauf schließen, dass irgendwo in dieser Schule etwas Besonderes verborgen sein muss – etwas, das die damaligen Mitglieder der Arche-AG als eine Art Zeitkapsel oder Schatz hinterlassen haben.

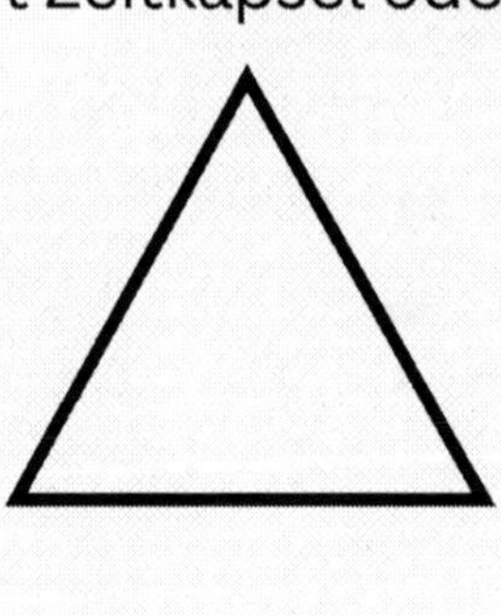

Heute kommt ein neuer Hinweis ins Spiel: Sarah, Claras große Schwester, ist euch zufällig über den Weg gelaufen und hat erzählt, dass sie im Keller der Schule nach alten Requisiten für ein Schulprojekt gesucht hat. Dabei stieß sie auf eine verschlossene Tür mit einem rostigen Vorhängeschloss. „Da steht gar kein Schild dran", meinte Sarah. „Alles ist staubig und dunkel. Wirklich unheimlich!"

Sofort klingen bei euch die Alarmglocken. Ein verschlossener Raum im Keller? Das klingt wie ein perfektes Versteck für alte Geheimnisse. Ihr seid fest entschlossen, euch das genauer anzuschauen. Doch einfach so in den Keller schleichen und Schlösser knacken könnt ihr natürlich nicht – das wäre zu riskant. Trotzdem wollt ihr mindestens mehr darüber erfahren und vielleicht eine Erlaubnis bekommen, kurz hineinzuschauen.

Die Spur der Arche-AG

In der ersten Pause belagert ihr Herrn Meier, den älteren Lehrer, der schon seit Jahrzehnten an der Schule ist. Er hat beim letzten Gespräch erwähnt, dass die ehemalige Arche-AG einen Raum gehabt haben könnte, in dem sie Materialien lagerte. „Ja, das kann durchaus sein“, meint Herr Meier nachdenklich, als ihr ihn darauf ansprecht. „Ich erinnere mich dunkel: Unten im Keller gab es mal einen Klubraum für eine Arbeitsgemeinschaft. Aber das ist sehr lange her. Der Raum wurde irgendwann geschlossen, weil niemand ihn mehr nutzte.“

Eure Augen werden groß. Das passt perfekt zu Sarahs Entdeckung. Herr Meier schmunzelt, als er eure Aufregung sieht. „Nur weil ein Raum verschlossen ist, heißt das nicht unbedingt, dass dort ein Schatz liegt“, warnt er. „Aber ich kann verstehen, dass ihr neugierig seid. Ich schlage vor, ihr fragt den Hausmeister. Er hat normalerweise die Schlüssel für alle Räume.“

Das ist leichter gesagt als getan. Ihr wisst, der Hausmeister ist meistens beschäftigt und nicht unbedingt erfreut, wenn Kinder durch den Keller stöbern wollen. Dennoch beschließt ihr, es nach Schulende einfach mal zu versuchen.

Verhandlungen mit dem Hausmeister

Am Nachmittag wartet ihr vor dem Hausmeisterbüro, einem kleinen Raum mit Werkzeugen und Farbeimern. Ihr habt euch eine harmlose Ausrede überlegt: Ihr braucht eventuell ein altes Requisit für ein Klassenprojekt, eine Art „historische Schultruhensuche“. Ob er euch wohl kurz in den Keller begleiten könnte?

Der Hausmeister – Herr Schuster – runzelt die Stirn, als ihr euer Anliegen vorbringt. „Na, ihr seid mir ja neugierige Spürnasen. Was wollt ihr da unten? Da ist alles verstaubt. Außerdem habe ich keine Zeit, überall mit euch herumzurennen.“

„Bitte, Herr Schuster“, sagt Clara mit ihrem freundlichsten Lächeln. „Wir wollen nur mal sehen, ob es alte Kisten gibt. Wir haben gehört, dass es früher eine Arche-AG gab. Vielleicht finden wir dort ein spannendes Dokument, das unsere Klasse in einem Projekt verwerten kann.“

Herr Schuster seufzt. „Na schön, kommt morgen in der ersten großen Pause. Dann kann ich euch kurz in den Keller führen. Aber ich bleibe dabei, kein Herumklettern und keine Experimente. Und wenn ich ‚Stopp‘ sage, ist Schluss, verstanden?“

Ihr strahlt. „Verstanden, Herr Schuster!“, ruft ihr begeistert. Ein erster Durchbruch: Ihr habt die Erlaubnis, den Kellerraum zu inspizieren.

Ihr könnt es kaum erwarten, bis der nächste Tag kommt. In der ersten großen Pause steht ihr pünktlich vor der Kellertür. Herr Schuster holt einen schweren Schlüsselbund hervor. Auf manchen Schlüsseln glitzert Rost, so selten werden sie gebraucht. „Also dann, gehen wir“, murmelt er und schreitet voran.

Unten ist es kühl und riecht nach altem Mauerwerk. Ein schwaches Neonlicht flackert, während ihr einem langen Korridor folgt. Links und rechts zweigen Abstellräume ab, in denen Stühle und Tische gestapelt sind. Endlich bleibt Herr Schuster vor einer massiven Holztür stehen. Sie sieht tatsächlich alt aus, mit Schrammen und Farbflecken. Davor hängt ein Vorhängeschloss.

„Das hier müsste der Raum sein, den ihr meint“, sagt er, während er in seinem Schlüsselbund kramt. „Mal sehen, ob ich den richtigen Schlüssel habe.“ Ihr haltet den Atem an. Nach einigem Probieren klackt das Schloss tatsächlich auf und der Hausmeister hebt es ab. Dann öffnet er die Tür.

Ein muffiger Geruch schlägt euch entgegen, wie staubige Bücher oder alte Textilien. Mit vorsichtigen Schritten tretet ihr ein. Zu eurer Überraschung erblickt ihr einen relativ großen, aber spärlich eingerichteten Raum. An den Wänden hängen alte Plakate, teils eingerollt, teils abgefallen.

In der Mitte steht ein Tisch mit mehreren kaputten Stühlen. Überall liegen Pappkartons und zerfledderte Ordner. Der Boden ist mit einer dicken Staubschicht bedeckt. Noah hustet, als er die Luft einatmet. „Wow, hier war wohl ewig keiner mehr drin.“ Felix stupst mit dem Fuß vorsichtig gegen einen Karton. „Hier könnten Schätze versteckt sein!“ Doch Herr Schuster räuspert sich. „Vorsicht. Wir wollen hier nichts durcheinanderbringen. Ihr habt fünf Minuten, dann muss ich weiter.“

Schnell beginnt ihr, euch umzuschauen. Clara hebt ein altes Plakat auf, auf dem man noch kaum etwas erkennt. Du, Jonas, blätterst durch einen Ordner, in dem vergilbte DIN-A4-Seiten stecken. Es scheint sich um Protokolle einer alten Arbeitsgemeinschaft zu handeln. Tatsächlich entdeckt Felix auf einem Deckblatt das Wort „Arche“. Euer Herz klopft. Hier liegen wohl Dokumente der AG, nach denen ihr gesucht habt!

„Hey, schaut mal!“, flüstert Clara. In einer Ecke des Raumes ist an der Wand ein großes Mural zu sehen – eine gemalte Szene: Ein Segelboot in stürmischer See, darunter ein Banner mit der Aufschrift „Die Arche überwindet jede Flut“. Mehrere Kinder sind in dem Boot gemalt, sie tragen lachende Gesichter. Ganz rechts steht das Datum: 1985.

„Das ist eindeutig von der Arche-AG!“, ruft Noah. „Sie haben diesen Raum wohl als ihren Klubraum genutzt.“ Begeistert betrachtet ihr das Werk. Hier muss es noch mehr Spuren geben.

Plötzlich fällt dir auf, dass oben in einer Holznische an der Wand etwas eingeritzt ist. Du stehst auf Zehenspitzen und erkennst erneut euer altbekanntes Symbol: ein Dreieck mit einer geschwungenen Welle. Daneben sind Buchstaben zu sehen, aber sie sind schwer zu entziffern. Du beugst dich näher heran und buchstabierst: „K–A–P–? ...“

Felix schiebt sich neben dich. „Vielleicht steht da K-A-P-T-... also ‚Kapitän‘?“ Du wischst den Staub ab und erkennst, dass dahinter noch mehr Buchstaben sind. Gemeinsam stellt ihr fest, dass dort tatsächlich „KAPITÄN“ eingeritzt ist. Darunter eine kleine Pfeilspitze nach unten, als wolle jemand zeigen: ‚Genau hier, geh tiefer oder schau darunter.‘

Clara blickt auf den Boden. „Vielleicht ist der Boden an dieser Stelle lose?“ Ihr klopft vorsichtig mit dem Fuß. Nichts rührt sich. Herr Schuster, der bisher an der Tür stand, wird ungeduldig. „So, eure Zeit ist um. Ich muss abschließen. Ihr könnt nicht länger hierbleiben.“

Widerwillig sammelt ihr euch. Doch bevor ihr geht, bittet Clara: „Herr Schuster, könnten wir beim nächsten Mal vielleicht ein bisschen gründlicher suchen? Wir haben Dokumente gefunden, die wir für unser Schulprojekt nutzen könnten.“

Der Hausmeister schüttelt den Kopf. „Mal schauen. Ich habe nicht jeden Tag Zeit. Aber vielleicht lasse ich euch noch mal rein, wenn Frau Winter es erlaubt." Euch bleibt nichts anderes übrig, als zu gehen. Doch ihr habt genug gesehen, um sicher zu sein: **Dieser Kellerraum ist der alte Klub der Arche-AG.** Und vielleicht verbirgt sich noch ein geheimer Hinweis unter dem Fußboden oder hinter dem bemalten Mural. Ihr wittert das nächste große Abenteuer.

Alte Dokumente, neue Erkenntnisse

Auf dem Flur inspiziert ihr die wenigen Dokumente, die ihr in der Hektik mitnehmen durftet – ein paar kopierte Seiten mit Überschriften wie „AG-Sitzung 1985“ oder „Unser Ziel: Erhalt von Schulschätzen“. Eine Stelle erregt eure Aufmerksamkeit:

> „Wir verstecken unsere Sammlungen,
> damit künftige Generationen sie
> entdecken und ehren.
> Wer uns findet, soll Mut beweisen und
> den Weg unserer Arche nachvollziehen.“

Ein heißes Kribbeln fährt euch durch den Körper. Ihr fühlt euch angesprochen, als wärt ihr diese künftige Generation. Offensichtlich hat die Arche-AG damals einen Plan geschmiedet, um ihre Sammlungen und Botschaften in der Schule zu verteilen. Warum? Vielleicht, um ein Gemeinschaftsgefühl zu schaffen, um Neugier zu wecken oder weil sie sich als Hüter alten Wissens verstanden.

Noah reibt sich die Hände. „Also müssen wir weiter nachforschen, wie wir in Ruhe in diesen Kellerraum kommen. Da ist bestimmt noch etwas versteckt – irgendeine Kiste oder ein Fach im Boden.“ Felix lächelt breit. „Ja, wir brauchen nur einen Vorwand, um länger da unten zu bleiben.“

In der folgenden Woche versucht ihr, Frau Winter für eure Idee zu gewinnen. Ihr erzählt ihr halbwegs ehrlich, dass ihr in einem alten Kellerraum Dokumente der Arche-AG gefunden habt, die mal eine Projektgruppe in den 1980ern war. Ob ihr dort für ein kleines Klassenprojekt recherchieren dürft? Frau Winter schaut skeptisch. „Sicher, dass ihr dort nicht nur Unsinn anstellt?"

Clara hebt die Hände. „Wir wollen ein Referat über alte Schulgeschichten halten. Das passt doch wunderbar zum Deutschunterricht und zu unserem Thema ‚Geschichten aus vergangenen Zeiten'!" Tatsächlich scheint Frau Winter interessiert. Sie verspricht, mit dem Hausmeister zu sprechen und es zu organisieren, dass ihr im Keller unter Aufsicht nach Unterlagen suchen dürft.

Eure Freude ist riesig, als Frau Winter ein paar Tage später verkündet: „Am Donnerstag in der dritten und vierten Stunde dürft ihr zu zweit in den Keller gehen und recherchieren. Der Hausmeister wird ein Auge auf euch haben, aber euch ein bisschen Zeit geben, die Kisten zu durchstöbern." Ihr jubelt innerlich, auch wenn es nur zwei Personen sein dürfen – das ist eure Chance!

Kurze Zeit später vereinbart ihr, dass Jonas (also du) und Clara in den Keller gehen, während Noah und Felix oben im Klassenzimmer warten. Sie können euch mit einer Ausrede ablösen, falls Zeit bleibt. Ihr hofft, nicht zu viel Aufsehen zu erregen.

Unter den Holzdielen

Dann ist der große Tag gekommen. In der dritten Stunde schließt Herr Schuster euch erneut den Keller auf und lässt euch in den Raum. „Viel Erfolg bei eurem Referat“, sagt er mit einem schiefen Grinsen. „Aber passt auf, dass ihr nichts kaputtmacht. Ich komme in einer halben Stunde vorbei.“

Clara und du macht euch sofort ans Werk. Zuerst blickt ihr die Kartons durch, um mehr Informationen zu sammeln. Tatsächlich findet ihr alte Mitschriften, in denen Namen wie „Käpt’n Maren“ oder „Bootsmann Kai“ auftauchen. Offenbar haben sich die AG-Mitglieder lustige Seefahrer-Rollen gegeben.

Doch euer eigentliches Ziel ist die Stelle, wo „KAPITÄN“ ins Holz geritzt war. Ihr leuchtet mit einer Taschenlampe den Boden ab. Tatsächlich entdeckt ihr direkt darunter zwei lose Holzdielen, die sich leicht anheben lassen. Euer Herz rast. Ist das das geheime Versteck?

Vorsichtig hebelt Clara mit einem Lineal an den Dielen und sie lösen sich knarrend. Darunter öffnet sich ein kleiner Hohlraum im Boden. Ihr strahlt vor Aufregung. Mit klopfendem Herzen schiebst du die Taschenlampe hinein. Da liegt tatsächlich eine kleine Holzkiste, etwa so groß wie ein Schuhkarton!

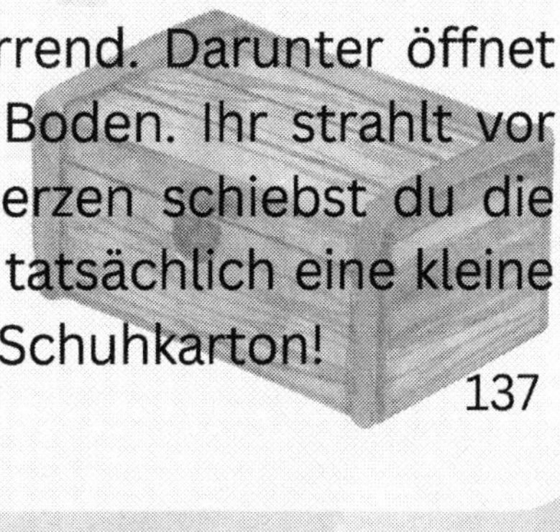

Ihr zieht die Kiste heraus. Der Deckel ist mit einem Lederriemen verschlossen. Ihr öffnet ihn und seht: Ein Stapel Papiere, ein paar Schwarz-Weiß-Fotos und ein kleines, in Stoff eingeschlagenes Notizbuch. Du blätterst das Büchlein auf. Auf der ersten Seite steht: **„Logbuch der Arche. Jahrgang 1985."** Darunter mehrere Unterschriften.

Eure Augen leuchten. Das ist vermutlich das Herzstück der Sammlungen, von dem die Dokumente sprechen. Ihr blättert weiter: Handgeschriebene Einträge erzählen von den Plänen der AG, ihrer Mission, die „Schulschätze" zu retten. Manche Seiten sind Illustrationen von alten Räumen, andere Listen von Büchern und Gegenständen, die sie für wertvoll hielten.

„Das ist ja unglaublich!", flüstert Clara. „Fast wie ein Tagebuch einer Geheimorganisation." Die Fotos zeigen lachende Jugendliche und Lehrer, auf manchen sind Segelboote gemalt, auf anderen sieht man Szenen im Schulhof. Auf einem Bild erkennt ihr sogar denselben Stein, den ihr neulich entdeckt habt. Darunter die Bildunterschrift: „Erster Marker: Stein der Mutprobe."

Plötzlich hört ihr Schritte auf dem Gang. Ihr verstaut rasch die Kiste zurück in das Versteck und legt die Dielen wieder an ihre Stelle. Dann tut ihr so, als würdet ihr harmlos Notizen aus einem Karton abschreiben. Gerade noch rechtzeitig, bevor Herr Schuster den Kopf zur Tür hereinsteckt. „Und, schon fündig geworden?", fragt er. Ihr lächelt unschuldig. „Wir haben ein paar Protokolle gefunden, sehr interessant. Danke, Herr Schuster!"

Kurz darauf müsst ihr den Keller wieder verlassen. Doch ihr habt bereits einen Plan: Am Nachmittag, wenn ihr genug Zeit und weniger Aufsicht habt, wollt ihr diese Kiste in Ruhe begutachten. Vielleicht könnt ihr Frau Winter überzeugen, dass diese Fundstücke ins Klassenzimmer gehören – immerhin sind sie historisch interessant!

Tatsächlich habt ihr bei der nächsten Gelegenheit Erfolg: Ihr erzählt Frau Winter, ihr hättet im Keller eine echte „Zeitkapsel“ der alten AG gefunden, möchtet sie kurz ausstellen und eure Klasse damit begeistern. Frau Winter ist überrascht, aber sehr neugierig. „Na schön, solange ihr sorgsam damit umgeht. Ich frage Herrn Schuster, ob ihr sie holen dürft.“

Einen Tag später ist es so weit: Unter Aufsicht tragt ihr die Holzkiste aus dem Keller nach oben. Ihr dürft sie in einer Ecke des Klassenraums aufstellen. Natürlich flüstert ihr Noah und Felix zu, dass das Logbuch drin ist. Gemeinsam plant ihr, es nach dem Unterricht genauer zu durchforsten und alle Hinweise aufzunehmen, um das Rätsel der Arche-AG endgültig zu lösen.

Nach Schulschluss öffnet ihr heimlich die Kiste und schnappt euch das Notizbuch. Erwartungsvoll schlagt ihr die Seiten auf. Da stehen Einträge wie:

- „Unser erster Marker: Der Stein im Schulgarten.
- Er symbolisiert Mut und Zusammenhalt."
- „Zweiter Marker: Die Mauergravur nahe der Turnhalle. Wer sie berührt, setzt einen Fuß auf unsere ‚Reise'."
- „Dritter Marker: Die versteckten Zeichen in der Bibliothek. Nur wer Bücher liebt, findet uns."

Ihr erkennt all das wieder: den Stein, die Mauer, die Flaschenpost! Also wart ihr auf der richtigen Spur. Anschließend findet ihr eine Passage über den Kellerraum. Darin heißt es: „In unserem Klubraum bewahren wir die wahren Schätze, damit sie nicht verloren gehen. Eines Tages werden andere unseren Weg fortsetzen. Sie sollen wissen, dass Freundschaft und Neugier uns stark machten. Mögen sie unsere Mission ehren."

Clara wischt sich ein Tränchen aus dem Augenwinkel. „Irgendwie rührend, oder? Die haben das alles für uns hinterlassen, um uns zu zeigen, wie wertvoll Teamgeist und Mut sind." Noah nickt. „Und uns hat es zusammengebracht. Wir hätten sonst nie so viel zusammen erlebt!"

Ihr stöbert weiter, doch es scheint keinen noch größeren „Super-Schatz“ zu geben. Was ihr gefunden habt, ist der Schatz: das Logbuch, die Fotos, die Erinnerungen dieser Gruppe. Eine kleine Zeitkapsel, die davon erzählt, was Schüler vor Jahrzehnten gedacht, gefühlt und geträumt haben.

Felix schließt das Buch behutsam und lächelt. „Vielleicht ist das das Beste an einer Schatzsuche: Am Ende merkt man, dass es um die Reise ging – und um das Wissen, das man findet.“ Du nickst und schaust in die Runde. Ihr vier seid fest entschlossen, diese Geschichte nicht nur für euch zu behalten, sondern mit der Klasse zu teilen.

Ein würdiger Abschluss – oder Anfang?

Als Frau Winter kurz darauf fragt, was ihr so Spannendes gefunden habt, erzählt ihr – natürlich mit etwas Dramaturgie – von den Rätseln, Symbolen und Hinweisen. Die Mitschüler lauschen gebannt, manche reiben sich ungläubig die Augen, andere stellen kichernd Fragen. Am Ende seid ihr euch einig: Diese Arche-AG hat etwas ganz Wertvolles hinterlassen, was zeigt, wie kreativ Schüler sein können.

„Vielleicht machen wir eine kleine Ausstellung darüber", schlägt Frau Winter vor. „Das Logbuch, die Fotos, die Symbole – das ist ein tolles Projekt!" Alle nicken begeistert. Und ihr vier Schultütendetektive blickt euch strahlend an. Ihr habt euer größtes Rätsel gelöst.

Natürlich bleiben noch viele Fragen offen:

Wer genau waren jene Schüler?
Wo sind sie heute?

Vielleicht könntet ihr versuchen, Kontakt aufzunehmen – oder einfach im Geist mit ihnen verbunden bleiben, indem ihr ihre Botschaft weitertragt. Eins steht fest: Die Werte von damals – Neugier, Freundschaft und Mut – sind heute so aktuell wie nie.

Das große Wandertagsrätsel

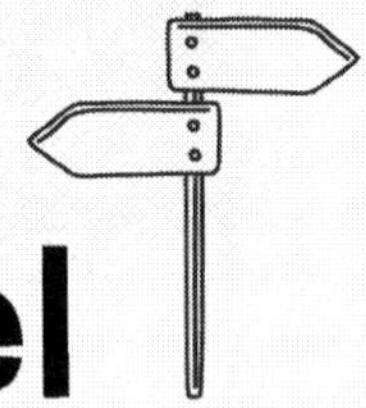

Der Kellerraum der Arche-AG, das gefundene Logbuch und die entdeckten Schätze sind in den letzten Tagen das Top-Thema in deiner Klasse. Ständig fragen sich die Kinder, ob es noch weitere verborgene Ecken in der Schule gibt. Du und deine Freunde Noah, Clara und Felix empfindet gleichzeitig einen gewissen Stolz: Immerhin habt **ihr** die entscheidenden Spuren zusammengefügt und das Erbe der alten Arbeitsgemeinschaft gehoben.

Doch die Zeit läuft und das Schulleben geht weiter. Heute steht ein ganz anderes Ereignis an: Euer Wandertag! Schon seit Wochen fieberst du diesem Ausflug entgegen. Frau Winter hat verraten, dass es in einen nahegelegenen Wald geht, wo ihr erst eine kleine Wanderung unternehmt und danach ein Picknick macht. Viele Kinder sind aufgeregt, packen ihre Rucksäcke mit Broten, Trinkflaschen und vielleicht einer kleinen Süßigkeit.

Du kannst es kaum erwarten, endlich die frische Waldluft zu schnuppern. Doch gleichzeitig hast du ein Gefühl im Bauch, als würde noch etwas Spannendes passieren. Denn schon vor Tagen hat jemand einen anonymen Hinweis in eure Klasse gebracht: „Achtet beim Wandertag auf versteckte Zeichen – die Schultütendetektive wissen Bescheid.“ Niemand weiß genau, wer den Zettel an die Tafel gepinnt hat. War es ein Streich? Oder steckt noch ein letztes Rätsel dahinter?

Auf in den Wald

Der Tag beginnt sonnig und kühl. Voller Vorfreude stellst du dich mit den anderen Kindern an der Schule auf. Ein Bus bringt euch zum Waldrand. Dort steigt Frau Winter mit euch aus, zählt kurz durch – und schon marschiert ihr los. Noah und Clara gehen neben dir, während Felix mit ein paar anderen Schulkameraden lacht und scherzt.

Der Wald empfängt euch mit raschelnden Blättern und dem Duft von feuchtem Moos. Ein schmaler Pfad windet sich zwischen hohen Bäumen hindurch. Zwischendurch hört ihr Vogelgezwitscher, das von den Ästen widerhallt. Frau Winter erinnert euch daran, leise zu sein, um Tiere nicht zu erschrecken.

Nach ungefähr einer halben Stunde soll es eine kurze Trinkpause geben. Du bist erleichtert, weil dein Rucksack allmählich schwer auf deinen Schultern lastet. Gemeinsam mit Noah und Clara setzt du dich auf einen Baumstamm, packst deine Trinkflasche aus und genehmigst dir einen Schluck Wasser. Plötzlich aber stupst Clara dich an. „Schau mal dort drüben, hinter dem Gebüsch. Siehst du das?“

Du folgst ihrem Blick und tatsächlich: Da steckt ein kleines Holzschild im Boden, beinahe von Sträuchern verdeckt. Es sieht alt aus, könnte aber durchaus neu aufgestellt worden sein. Du kannst es nicht eindeutig lesen, da das Gebüsch den unteren Teil verdeckt.

Neugier packt dich. Leise flüsterst du Noah zu: „Komm, lass uns das mal genauer anschauen.“ Ihr schleicht euch für einen Moment davon, während die anderen in der Pause auf dem Hauptweg sitzen. Als ihr das Schild erreicht, seht ihr eine Aufschrift:

Daneben prangt ein Symbol, das an ein kleines Blatt erinnert, darüber ein Fragezeichen.

„Komisch“, meint Noah. „Ist das für uns gedacht? Wir sind doch im Wald, hier hat niemand aus der Schule was aufgestellt – oder doch?“ Du zuckst die Achseln. „Die anonyme Notiz meinte, wir sollten auf versteckte Zeichen achten. Vielleicht hat irgendwer noch ein letztes Rätsel vorbereitet, inspiriert von der Arche-AG.“

Euer Herz klopft schneller. Einerseits möchtet ihr nichts verpassen, andererseits darf Frau Winter nicht merken, dass ihr euch zu weit vom Weg entfernt. Ihr huscht zurück zu Clara, die auch schon ganz hibbelig ist. Gemeinsam überlegt ihr, wie ihr vorgehen könnt, ohne Ärger zu bekommen.

Rätselpfad oder Zufall?

In der nächsten halben Stunde wandert ihr mit der Klasse weiter, aber ihr habt jetzt Adleraugen. Tatsächlich entdeckt Felix, der sich wieder zu euch gesellt hat, ein zweites Schild, diesmal mitten in einem Strauch. Darauf steht:

> „Öffne die Augen für die kleinen Wunder –
> dann findest du die Spur."

Darunter ein Blatt-Symbol, fast wie auf dem ersten Schild. Ihr tauscht verschwörerische Blicke. Ist das eine Art Rätselpfad? Vielleicht hat eine ältere Klasse etwas vorbereitet? Oder die Natur-AG hat einen Lehrpfad angelegt? Ihr fragt euch, ob ihr diese Spuren tatsächlich verfolgen solltet. Frau Winter hat nichts dergleichen erwähnt, aber sie kann ja nicht alles wissen.

Während die Wandergruppe weiter in Richtung Picknickplatz läuft, beschließt ihr heimlich, jeden Pfad am Wegesrand kurz abzusuchen. Schon bald seht ihr ein drittes Schild, diesmal an einem Baum befestigt.

> „Wenn du dich traust, den Weg zu verlassen,
> findest du bald die Antwort"

, lautet die Aufschrift. Daneben wieder das Blatt-Symbol und ein Fragezeichen. „Das ist eindeutig ein Rätselweg“, flüstert Clara. „Aber wohin führt er? Und warum ist er so geheim?“ Felix kratzt sich am Kopf. „Vielleicht ist es ein Naturlehrpfad, der nur halb fertiggestellt wurde. Aber die Texte klingen eher nach einem Rätsel, das uns einlädt, etwas zu suchen.“

Die Entscheidung

Bald erreicht ihr den Picknickplatz, eine Lichtung mit ein paar Sitzbänken und einem Unterstand. Frau Winter lässt euch die Rucksäcke abstellen und verkündet: „Wir machen eine Stunde Pause. Ihr dürft euch in der Nähe umschauen, aber bitte nicht zu weit weggehen. Wenn etwas ist, ruft mich."

Perfekt! Diese Stunde könnt ihr nutzen, um den Schildern zu folgen, falls es denn noch mehr gibt. Tatsächlich seht ihr, dass ein kleiner Trampelpfad hinter dem Unterstand beginnt. Und wenn ihr genau hinschaut, erkennt ihr in der Ferne noch ein hölzernes Schild, halb verdeckt von Gestrüpp. Ihr schaut euch an: Ob ihr es wagt?

Noah reibt sich die Hände. „Wir sind die Schultütendetektive. Klar, wir wagen es!" Ihr lacht. Dann ruft ihr zu Frau Winter, dass ihr in der Nähe etwas erkunden wollt und gleich wieder da seid. Sie nickt und setzt sich mit den anderen Kindern an einen Tisch zum Vesper.

Ein kleiner Abstecher ins Ungewisse

Der Pfad ist schmal und etwas rutschig, aber ihr haltet euch an Ästen fest. Immer wieder überprüft ihr, ob ihr nicht zu weit geht. Nach wenigen Metern stößt ihr auf das nächste Schild. **„Wer dieses Rätsel löst, findet vielleicht einen Schatz“**, steht dort. Darunter eine seltsame Reimzeile:

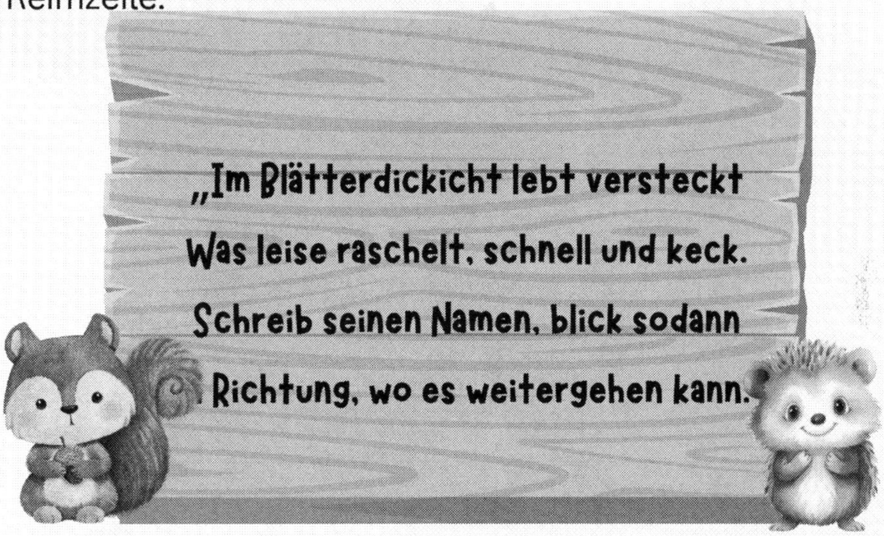

Clara liest es laut vor. „Klingt wie ein Tier-Rätsel“, sagt sie. „Etwas, das im Blätterdickicht lebt und schnell ist. Ein Eichhörnchen? Ein Igel? Oder eine Maus?“ Felix denkt: „Eichhörnchen rascheln bestimmt mit den Blättern, klettern fix auf Bäume. Igel raschelt eher im Laub. Welche Antwort könnte gemeint sein?“

Noah tippt auf „Eichhörnchen“ – schnell und keck. Du findest das plausibel. „Vielleicht sollen wir ‚Eichhörnchen‘ irgendwo hinschreiben?“, fragst du. Tatsächlich ist auf dem Schild unten Platz für eine kleine Notiz. Du nimmst einen Stift, schreibst „Eichhörnchen?“ auf das Holz, vorsichtig, um es nicht zu ruinieren.

Nichts passiert. Doch als du den Blick hebst, siehst du ein weiteres kleines Schild weiter vorn. „Schau“, sagst du aufgeregt und deutest hin. Ihr lauft dorthin. Das neue Schild ist winzig, fast wie ein Wegweiserpfeil, der nach rechts zeigt.

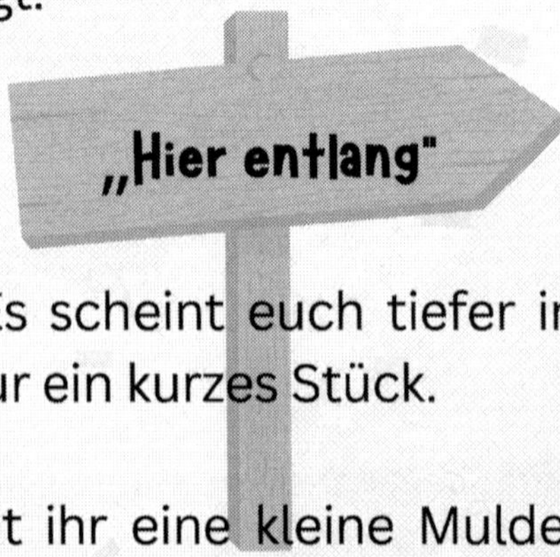

, steht drauf. Es scheint euch tiefer in den Wald zu führen, doch nur ein kurzes Stück.

Endlich erreicht ihr eine kleine Mulde, in der einige Steine angeordnet sind. Auf einem der Steine liegt eine rot lackierte Holzschachtel, kaum größer als ein Handteller. Ihr klopft euch vor Freude auf die Schultern: Das muss der Schatz sein, oder?

Eine kleine Überraschung

Vorsichtig öffnet ihr die Holzschachtel. Darin befindet sich ein Zettel, auf dem in ordentlicher Handschrift steht:

> „Herzlichen Glückwunsch, du hast den Mut gehabt, den Pfad zu gehen.
> Kleine Abenteuer sind überall
> – wenn du nur genau hinsiehst."
> „(c) Die Wald-Detektive, Klasse 4, 20xx."

Ihr blickt euch an. Also doch ein selbst erstellter Rätselpfad einer älteren Klasse! Vielleicht haben sie diesen Mini-Schatz hier gelassen, damit andere Kinder sich freuen. Zusammen mit dem Zettel liegt eine Handvoll kleiner Figuren aus bemalten Steinen: Ein Eichhörnchen, ein Fuchs, eine Eule. Sie sehen liebevoll gestaltet aus.

„Wie nett!“, ruft Clara. „Das haben wohl andere Kinder mal angelegt. Ein Mini-Geocaching oder so etwas in der Art.“ Felix lächelt. „Und wir sind drauf reingefallen, aber im positiven Sinne. Ein Waldabenteuer!“

Noah überlegt laut: „Doch was ist mit dem anonymen Hinweis, den wir bekommen haben? Hat jemand gewusst, dass wir diesen Weg finden würden?“ Vielleicht hat einer der Viertklässler von eurer Detektiv-Arbeit gehört und wollte euch eine Freude machen. Oder es war purer Zufall.

Jedenfalls freut ihr euch riesig. Dass ihr mitten in eurem Wandertag ein kleines Rätsel lösen durftet, passt perfekt zu euren bisherigen Erlebnissen. Ihr nehmt die Holzschachtel mit dem Brief und den Tiersteinen für einen Moment in die Hand, dann denkt ihr daran, dass man bei solchen Schatzspielen oft etwas zurücklässt oder einen Eintrag macht.

Clara notiert auf dem Zettel:

„Gefunden am Wandertag
von den Schultütendetektiven, Klasse 1A.
Vielen Dank für die Überraschung!"

Dann legt sie den Zettel zurück in die Box, gemeinsam mit einem bunten Anstecker, den sie zufällig dabei hat.

Zurück zum Picknick

Langsam wird es Zeit, zu Frau Winter und eurer Klasse zurückzukehren. Ihr stellt die Box wieder an ihren Platz, denn so funktioniert das Konzept üblicherweise: Man lässt den „Schatz“ für die nächsten Finder liegen. Mit leuchtenden Augen lauft ihr zurück zum Picknickplatz.

Als ihr dort ankommt, fragt ein Klassenkamerad, was ihr getrieben habt. „Nichts Besonderes, nur ein kleiner Waldspaziergang“, antwortet Noah, ohne auf die Details einzugehen. Ihr tauscht aber verschwörerische Blicke: Ihr wisst, ihr habt ein Mini-Geheimnis gefunden.

Frau Winter merkt, wie fröhlich ihr seid und hakt nach. „Na, habt ihr etwas Interessantes gesehen?“ Clara zuckt die Schultern. „Ein paar Vogelnester, ein bisschen Moos – nichts Großes.“ Ihr wollt das Rätsel lieber für euch behalten, oder zumindest nur euren engsten Freunden erzählen.

Ein gemeinsames Fazit

Nach dem Picknick geht es zurück zur Schule und der Wandertag endet. Trotz müder Beine seid ihr in Hochstimmung. Dieses kleine Abenteuer im Wald fühlt sich wie ein krönender Abschluss eurer jüngsten Detektivgeschichten an. Kein großes „Arche“-Rätsel mehr, sondern ein niedlicher, fast harmloser Pfad, der euch daran erinnert, dass überall kleine Geheimnisse schlummern, wenn man nur genau hinsieht.

Abends, als du zu Hause in deinem Zimmer sitzt, lässt du die Ereignisse Revue passieren. Erst habt ihr das Keller-Geheimnis der Arche-AG gelöst, dabei Freundschaft und Teamgeist gestärkt. Dann schenkt euch ein unbekannter Anstoß beim Wandertag ein kleines Rätsel-Erlebnis im Wald. Du fühlst dich erfüllt von all den Abenteuern, die dir der Schulanfang schon gebracht hat.

Noah, Clara und Felix sind längst mehr als nur Mitschüler. Gemeinsam seid ihr ein eingeschworenes Team, das Spaß am Knobeln und Entdecken hat. Ob es noch mehr solche Rätsel geben wird? Mit einem Lächeln auf den Lippen bist du sicher: In dieser Schule, in diesem Leben, wird es nie langweilig, solange ihr die Augen offenhaltet und euch gegenseitig Mut macht.

Mitmach-Rätsel: Ein Mini-Quiz über Waldtiere

Zum Abschluss dieses Kapitels kannst du noch ein Mini-Quiz spielen, inspiriert von eurem kleinen Wald-Abenteuer. Ordne die Tiernamen zu den passenden Eigenschaften:

1. **Fuchs**
2. **Eichhörnchen**
3. **Igel**
4. **Eule**

A: Kann im Winter ein Nest aus Blättern in Bäumen bauen und dort Nüsse sammeln
B: Ist nachtaktiv, kann den Kopf drehen und lautlos fliegen
C: Gilt als schlau, jagt manchmal auch in der Dämmerung
D: Rollt sich bei Gefahr zu einer stacheligen Kugel zusammen

Na, weißt du die Zuordnung? Kleiner Tipp: Eichhörnchen (2) passt zu Blättern und Nüssen (A), Eule (4) ist nachtaktiv (B), Fuchs (1) gilt als schlau (C) und Igel (3) rollt sich zusammen (D). So kannst du dein Waldwissen testen und weiter vertiefen!

Falscher Alarm in der Turnhalle

Die Sonne scheint an diesem Morgen milde durch die Fenster der Schule, während du – Jonas – mit deinen Freunden Noah, Clara und Felix in eurem Klassenzimmer sitzt. Eigentlich wäre heute ein ganz normaler Schultag, doch es liegt eine gewisse Spannung in der Luft. Seit Kurzem kursiert nämlich ein seltsames Gerücht: In der Turnhalle soll es spuken!

Alles fing damit an, dass einige Kinder aus der dritten Klasse behaupteten, sie hätten merkwürdige Geräusche nach dem Sportunterricht gehört. Klopfende Schritte, die plötzlich aus dem Nichts kamen, Bälle, die scheinbar von allein durch die Halle rollten und Türen, die sich lautem Quietschen öffneten. Manch einer flüsterte sogar von einem schattenhaften Wesen, das durch die Gänge huschen würde.

Für dich und deine Detektiv-Freunde klingt das natürlich sofort spannend. „Spuk in der Turnhalle? Das ist doch garantiert wieder ein Rätsel, das wir knacken können!“, sagt Noah mit einem Grinsen. Clara nickt. „Vielleicht ist es nur Zugluft oder ein vergessenes Fenster? Oder doch ein alter Sportlehrer-Ghost?“, fügt sie lachend hinzu.

Felix zeigt euch etwas, das er gestern aufgeschnappt hat: Ein Foto, das ein Drittklässler nach dem Training gemacht hat. Darauf sieht man eine halbdunkle Halle, ganz hinten einen Ball, der scheinbar in der Luft schwebt. Oder doch nicht? Das Bild ist unscharf, aber ein bisschen unheimlich wirkt es schon. „Sie behaupten, der Ball wäre von allein hochgeflogen“, erklärt Felix. „Ganz schön gruselig, oder?“

Ihr beschließt, in der Pause zur Turnhalle zu gehen und euch selbst ein Bild zu machen. Zwar hat eure Klasse heute keinen Sport, aber vielleicht könnt ihr einen Blick hineinwerfen. Als es klingelt und die erste Pause beginnt, huscht ihr also los.

Seltsame Spuren am Rand

Vor der Turnhalle seht ihr ein paar ältere Schüler stehen, die tuscheln. Ihr hört Gesprächsfetzen wie „... schon wieder verschwunden“ und „... wer macht denn sowas?“ Das macht euch neugierig. Ihr fragt vorsichtig nach, was denn los sei.

Ein Mädchen aus der vierten Klasse dreht sich zu euch um. „Gestern Abend waren noch alle Basketbälle in ihrem Korb und heute Morgen fehlen plötzlich zwei. Einfach weg!“ Ein Junge neben ihr ergänzt: „Keiner weiß, wer sie genommen hat. Oder ob sie einfach... verschwunden sind.“

Noah runzelt die Stirn. „Komische Sache. Ball-Diebstahl? Oder ein Scherz?“ Das passt jedenfalls zu den Gerüchten. Ihr spürt sofort euren Detektiv-Instinkt anspringen.

Gemeinsam betreten die älteren Schüler die Halle, während ihr auf dem Flur wartet. Von hier aus könnt ihr durch ein kleines Fenster in die Halle spähen. Gerade ist Pause, also kein Unterricht, was bedeutet, dass die Halle eigentlich leer sein sollte. Doch ihr hört ein leises Klacken, fast wie ein herumspringender Ball.

„Habt ihr das gehört?“, raunt Clara. Felix hebt den Kopf. „Jemand spielt da drinnen? Aber warum?“ Vorsichtig drückt ihr die Türklinke herunter und wagt einen Blick ins Innere. Nichts zu sehen – kein Mensch ist da. Dennoch habt ihr das Gefühl, dass etwas nicht stimmt.

Erste Ermittlungen

Nach der Pause müsst ihr zurück in den Unterricht, doch in den folgenden Tagen bleibt die Turnhalle Gesprächsthema Nummer eins. Erneut behaupten einige Kinder, bunte Bälle würden abends rollen, obwohl kein Mensch anwesend sei. Andere wollen einen Schatten bemerkt haben, der in der Ecke stand und dann verschwunden ist.

Frau Winter, eure Lehrerin, sagt nur lachend: „Kinder, ich glaube nicht an Geistergeschichten. Vermutlich sind es Streiche oder jemand hat Sportgeräte falsch verräumt. Redet doch mal mit Herrn Schuster, unserem Hausmeister, der könnte euch sagen, ob etwas kaputt ist."

Da habt ihr euren nächsten Anknüpfungspunkt. Sobald sich die Gelegenheit ergibt, sprecht ihr Herrn Schuster an, den ihr schon aus früheren Rätseln kennt. Er schüttelt den Kopf über die Spukgeschichten. „Ich schaue jeden Abend nach, ob alle Türen abgeschlossen sind und bis jetzt habe ich nichts Verdächtiges bemerkt. Ein paar Sportgeräte sind allerdings durcheinander, das stimmt. Vielleicht lassen die Lehrer sie so liegen."

Noah versucht es anders: „Und was ist mit den verschwundenen Basketbällen?" Der Hausmeister hebt die Augenbrauen. „Oh, das kann natürlich jemand geklaut haben. Ich war das jedenfalls nicht."

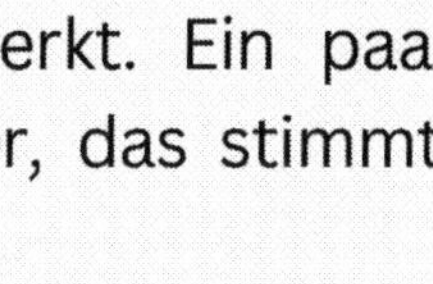

Nicht allzu aufschlussreich – also müsst ihr selbst aktiv werden. Ihr überlegt, wie ihr die Turnhalle nach Schulschluss untersuchen könnt. „Hoffentlich haben wir bald Sport“, meint Felix seufzend. „Dann können wir uns legal da umsehen.“

Späte Sportstunde

Zum Glück habt ihr in zwei Tagen eine Sportstunde am späten Nachmittag. Frau Winter hat es so organisiert, weil die Halle morgens belegt ist. Ihr wittert eure Chance, nach dem Unterricht ein wenig länger in der Halle zu bleiben und Ausschau nach seltsamen Vorkommnissen zu halten.

Endlich ist es so weit: Ihr steht in euren Sportklamotten an der Hallentür. Drinnen toben eure Klassenkameraden bereits herum. Die Lehrerin für Sport, Frau Berg, winkt euch herein. Ihr absolviert euer Aufwärmprogramm und turnt an Geräten. Alles wirkt normal – bis auf ein paar Kratzer an der Wand, die euch auffallen. Fast so, als hätte jemand etwas scharfkantiges dort entlanggeschoben.

Als die Stunde vorbei ist und die Klasse nach draußen stürmt, um sich umzuziehen, bleibt ihr zurück. Ihr tut so, als müsstet ihr noch die Bälle wegräumen. Frau Berg schaut euch etwas misstrauisch an, lässt euch aber gewähren. Kaum ist sie außer Sicht, beginnt ihr, an den Rändern der Halle zu schauen, ob es versteckte Ecken oder Hohlräume gibt.

Plötzlich hört ihr ein Kratzen von oben, fast als käme es von der Empore, wo gelegentlich Zuschauer sitzen. „Hört ihr das?“, flüstert Clara. Ihr schleicht die Treppe hoch und späht in die Halbdunkelheit. Kein Mensch zu sehen. Doch das Geräusch ist verstummt.

Noah leuchtet mit dem Handylicht umher. „Es riecht hier komisch, so nach altem Holz oder Metall.“ Felix nickt. „Könnte auch irgendein Tier sein, das sich hier eingenistet hat. Eine Katze, ein Marder?“ Das wäre zumindest eine Erklärung für seltsame Geräusche.

Verdächtige Funde

Ihr sucht weiter, doch irgendwann drängt die Zeit. Ihr müsst euch ebenfalls umziehen, bevor Frau Berg die Halle abschließt. Frustriert gebt ihr auf – fürs Erste. Doch in derselben Nacht habt ihr (Jonas) einen merkwürdigen Traum, in dem Basketbälle durch die Halle tanzen, während ein schattenhafter Umriss eines Tiers von oben herablugt. Du wachst mit klopfendem Herzen auf und fragst dich, ob ihr auf dem richtigen Weg seid.

Am nächsten Tag erzählt euch ein Fünftklässler, dass er hinter der Turnhalle Abdrücke von Pfoten gesehen habe. „Bestimmt ein Fuchs oder so etwas“, meint er. Deine Augen weiten sich. Könnte es sein, dass wirklich ein Tier sich eingeschlichen hat und nachts mit den Bällen spielt oder sie wegschleppt? Das würde zumindest manche seltsamen Ereignisse erklären.

Clara hebt die Augenbrauen. „Aber würden Füchse Basketbälle klauen? Und die Geräusche klingen eher, als würde jemand klettern oder kratzen. Ein Marder wäre wahrscheinlicher.“ Ihr lacht ein bisschen – ein „Turnhallen-Marder“ klingt fast lustig, aber auch plausibel.

Der Mitternachtsplan

Ihr seid euch fast sicher, dass ein Tier der „Spuk“ sein könnte. Doch um das zu beweisen, müsstet ihr es irgendwie beobachten. Die Idee: Ihr könntet eine Art Lockmittel auslegen, zum Beispiel einen alten Tennisball oder ein paar Snacks und dann heimlich auf der Tribüne warten. Aber so spät dürft ihr natürlich nicht in der Schule sein, schon gar nicht über Nacht.

„Vielleicht können wir den Hausmeister bitten, eine Lebendfalle aufzustellen?“, schlägt Noah vor. Ihr erinnert euch, dass Herr Schuster pragmatisch ist, wenn es um solche Dinge geht. Also stellt ihr ihm euren Verdacht vor: Ein Marder könnte Bälle klauen, Geräusche machen und herumkratzen. Herr Schuster ist zunächst skeptisch. „Ich hab hier noch nie Marderspuren gesehen. Aber na gut, ich kann ja mal eine Tierschutzfalle hinstellen, nur für den Fall.“

Gesagt, getan: Am gleichen Abend platziert der Hausmeister eine kleine Käfigfalle in der Halle, bestückt mit etwas Essbarem, das Marder anlocken könnte. Er verschweigt jedoch, was für einen Köder er verwendet, damit nicht alle Kinder davon Wind bekommen.

Am nächsten Morgen, noch vor dem Unterricht, lauft ihr gespannt zur Turnhalle. Ihr seht Herrn Schuster mit müdem Gesichtsausdruck aus der Halle kommen. Er hebt die Hände und meint: „Tja, Falle ist leer. Keine Spur von einem Marder.“ Ihr seid ein bisschen enttäuscht. Vielleicht müsst ihr doch weiterforschen.

Ein Loch in der Wand

In der großen Pause stöbert ihr noch einmal um die Halle herum. Am hinteren Ausgang entdeckt ihr etwas Interessantes: In Bodennähe ist ein kleines Loch in der Wand, vielleicht gerade groß genug für eine Katze oder ein anderes kleines Tier. Es ist teilweise hinter einer alten Kiste verborgen. Ihr schaut genauer hin und stellt fest, dass dahinter ein schmaler Hohlraum verläuft. Könnte das der Eingang sein?

Noah versucht eine Taschenlampe hineinzuleuchten. „Ich sehe nur ein paar Spinnweben und Schutt.“ Felix drückt die Nase an die Mauer. „Scheint tatsächlich ein Durchgang zu sein. Ob wir da reinkrabbeln können? Wahrscheinlich zu eng für uns, aber ein Marder kommt da locker durch.“

„Wenn das so ist“, überlegt Clara, „dann könnte das Tier in der Halle herumschleichen und sich dann wieder rausschleichen, ohne dass jemand merkt.“ Ihr nickt. Das würde die mysteriösen nächtlichen Geräusche erklären. Und vielleicht sind die Basketbälle irgendwo auf dem Dachboden oder in einer Ecke mit diesem Gang verschwunden – oder das Tier hat sie einfach weggerollt und liegen gelassen.

Überraschende Wendung

Noch während ihr grübelt, taucht Frau Berg, eure Sportlehrerin, auf. „Ach, ihr hier!", sagt sie, „Ich wollte euch schon suchen. Ich habe übrigens die beiden fehlenden Basketbälle gefunden." Ihr schaut überrascht auf. „Wo?" – „Na, in einem Abstellraum ganz hinten an der Turnhallenseite. Offenbar hat sie jemand versehentlich dahin gerollt und nicht zurückgebracht."

Ihr seufzt. Also doch kein Ball-Diebstahl. Nur eine Verwechslung? Und die Geräusche? Frau Berg zuckt die Schultern. „Ich habe manchmal auch ein Klopfen gehört, aber ich dachte, es wäre der Wind oder das Lüftungssystem."

Ein wenig enttäuscht geht ihr in den Unterricht zurück. War das alles nur eine Folge von Ungeschicklichkeiten, Wind und ein paar Tieren, die sich herumtreiben? Keine große Spukgeschichte?

Ein kleiner Schreck

Doch am Nachmittag passiert plötzlich doch noch etwas Aufregendes: Während einer anderen Klasse Sportunterricht hat, hört man lautes Kreischen aus der Turnhalle. Eine Schülerin rennt hinaus und ruft: „Da ist was auf dem Hallenboden gelaufen!“ Sofort eilen Lehrer herbei. Ihr steht in der Nähe und schaut neugierig.

Wenig später kommt Herr Schuster mit grinsendem Gesicht: „Alles gut, Kinder. Es war nur ein kleiner Igel, der sich hierher verirrt hat. Vermutlich suchte er ein warmes Plätzchen. Er ist jetzt sicher in einer Kiste und wird gleich in den Schulgarten gebracht.“

Ein Igel also! Zwar kein Marder, aber ein Tier. Das passt zu den Kratzgeräuschen. Aber kann ein Igel wirklich Bälle herumrollen? Wohl kaum. Doch möglicherweise hat er an den Hallenwänden gescharrt und für manche Gruselmomente gesorgt.

Der letzte Baustein

Ihr habt nun mehrere Erklärungen: Die verschwundenen Basketbälle waren nur falsch verräumt, der Igel sorgte für kleine Geräusche und das Loch in der Wand könnte weiteren Tieren als Durchgang dienen. Gerüchte über Spuk entstehen schnell, wenn ein paar ungewöhnliche Ereignisse zusammentreffen und die Fantasie aller befeuern.

Clara schüttelt lachend den Kopf. „So viel Aufregung wegen eines Igelchens!“ Noah grinst. „Naja, es war trotzdem ein spannendes Rätsel. Auch wenn’s diesmal kein geheimer Raum und kein altes Logbuch war.“

Am Ende erzählt ihr das Ganze Frau Winter. Sie lächelt. „Schön, dass ihr Detektive immer ein wachsames Auge habt. Vielleicht sollten wir gemeinsam überlegen, wie wir das Loch in der Turnhallenwand schließen, ohne Tieren zu schaden. Am besten meldet ihr das dem Hausmeister.“

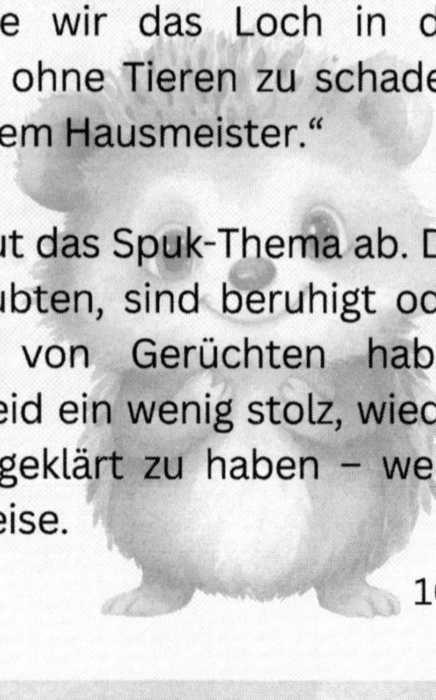

In den folgenden Tagen flaut das Spuk-Thema ab. Die Kinder, die an Geister glaubten, sind beruhigt oder zugeben, dass sie sich von Gerüchten haben mitreißen lassen. Ihr vier seid ein wenig stolz, wieder einmal einen Schulfall aufgeklärt zu haben – wenn auch auf ungewöhnliche Weise.

Manchmal ist der Spuk ganz real... und doch harmlos

An einem Freitag habt ihr zufällig nochmal Sport. Frau Berg berichtet lachend, dass sie neuerdings jeden Abend ein Fenster kippt, damit sich kein Tier einsperrt.

Außerdem soll das Loch baldmöglichst repariert werden.
Während ihr in der Umkleide eure Turnschuhe bindet, lächelt ihr euch gegenseitig zu. Wieder ein Rätsel gelöst, wieder ein Stück Abenteuer erlebt, ohne dass es einen fiesen Täter gab. „Manchmal ist das Alltägliche spannender als jede Gruselgeschichte", meint Felix mit einem Augenzwinkern.

Und du denkst dir:

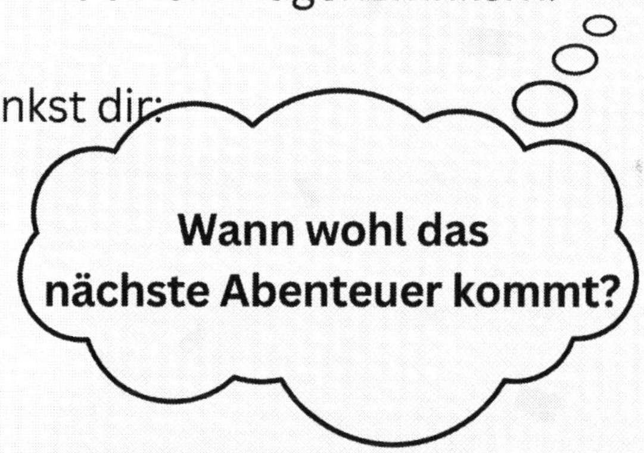

Aber erst einmal seid ihr zufrieden. Die Turnhalle ist sicher, kein echtes Gespenst treibt dort sein Unwesen – nur ein kleiner Igel, der vorübergehend Unruhe verbreitete. Hauptsache, ihr habt mal wieder gezeigt, dass man mit Zusammenhalt und Neugier jedes Rätsel lösen kann – selbst wenn das Rätsel ein bisschen... stachelig ist.

Die Wochen an deiner Schule sind voller Aufregung und Abenteuer vergangen. Mit deinen Freunden Noah, Clara und Felix, den Schultütendetektiven, hast du bereits so manches Rätsel gelöst: vom grünen Fußabdruck im Flur über die verschwundene Klassenkasse, merkwürdige Geräusche im Musikraum, bis hin zu einem geheimen Klubraum im Keller und den kleinen Spukgerüchten in der Turnhalle.

Allmählich sind dir die Gänge der Schule vertraut und doch hält jeder Tag eine neue Überraschung bereit. Heute jedoch scheint ein ganz besonderer Tag zu sein. Schon am Morgen merkst du, wie eine Art freudige Spannung in der Luft liegt. Einige Lehrer schauen sich vielsagend an, als hätten sie ein gemeinsames Geheimnis. Deine Mitschüler tuscheln, sie hätten Gerüchte über eine große Schulaktion gehört. Was könnte das sein?

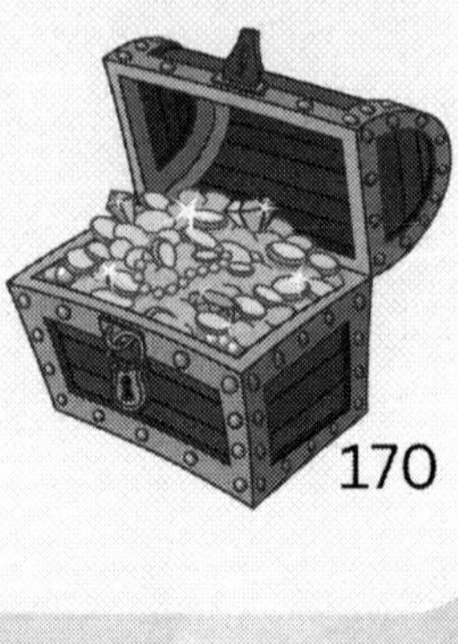

Eine geheimnisvolle Einladung

Kurz vor der ersten Pause bittet Frau Winter euch alle, euch auf eure Plätze zu setzen. Sie zieht einen kleinen Umschlag hervor und lächelt. „Kinder, wir haben eine Nachricht bekommen – scheint sehr wichtig zu sein.“ Sie öffnet den Umschlag und liest vor:

„Liebe Klasse 1A,

ich lade euch ein zu einer besonderen Schatzsuche in unserem Schulhaus. Ihr habt so viel Mut und Neugier gezeigt, dass nun die Zeit gekommen ist, den letzten, großen Schatz zu bergen. Folgt den Hinweisschildern, löst gemeinsam die Rätsel und findet am Ende etwas, das euch allen Freude bereitet!

Ein wohlgesinnter Freund der Schultütendetektive"

Ein Raunen geht durch den Raum. Schatzsuche? In der Schule? Einige Kinder werfen Blicke zu dir, Jonas und zu Noah, Clara und Felix. Sie wissen, dass ihr schon öfter geheimnisvolle Dinge entdeckt habt. Du spürst, wie dein Herz klopft. Das klingt nach einer Aktion, bei der eure ganze Klasse mitmacht!

Frau Winter strahlt. „Ich bin selbst neugierig, was das soll. Nach der großen Pause starten wir alle zusammen und schauen, ob wir die angekündigten Hinweisschilder finden.“

Gesagt, getan: Nach der Pause versammelt sich eure Klasse im Flur. Frau Winter hat die Karte aus dem Umschlag bekommen, auf der ein kleiner Pfeil eingezeichnet ist – offenbar der Startpunkt. Dort steht: „Folge dem Pfad der 15 Fußabdrücke."

Und tatsächlich, auf dem Boden des Flurs entdeckt ihr plötzlich kleine, aufgeklebte Fußabdrücke, die in einer Reihe angeordnet sind. Alle Kinder kichern und folgen begeistert. Die Spur führt euch in Richtung Treppenhaus. Am 15. Fußabdruck hängt ein laminierter Zettel: „Erster Halt: Sucht den grünen Fuß! Wartet dort auf das nächste Zeichen."

Einige Kinder aus deiner Klasse rufen: „Den grünen Fuß kennen wir! Der war doch mal an der Wand!" Clara zwinkert dir zu. Tatsächlich war das eines eurer allerersten Rätsel. Aufgeregt rennt ihr alle gemeinsam an die Stelle, wo einst der grüne Abdruck war. Genau dort ist jetzt ein kleines Plakat befestigt: „Zweiter Halt: Musikraum. Wo einst die Klänge spukten. Sucht nach einem großen, roten Aushang!"

Wieder Gekicher und die ganze Klasse stürmt los. Frau Winter versucht, ein wenig Ordnung zu halten, aber sie lächelt dabei, offensichtlich ist sie genauso neugierig.

Eine Reise durch alte Fälle

So führt euch der Rätselweg von Station zu Station – fast wie ein Rückblick auf eure bisherigen Abenteuer. In der Nähe der Bibliothek findet ihr einen Hinweis, der an die Flaschenpost erinnert. Beim Schulgarten taucht ein Schild auf, das an die Geschichte vom verschwundenen Pausenbrot anknüpft. Und sogar vor der Turnhalle ist eine Markierung, wo ihr eine Botschaft zum „falschen Alarm“ entdeckt.

Du und deine Detektivfreunde staunt. Wer hat das alles organisiert? Ist es Frau Winter? Oder vielleicht eine Gruppe Lehrer, die eure Geschichten verfolgt haben? Oder sind es gar ehemalige Mitglieder der Arche-AG, die irgendwann davon Wind bekamen, dass hier eine neue Detektivgruppe aktiv war?

Schritt für Schritt sammelt ihr kleine Puzzle-Teile ein, die an jeder Station verteilt liegen. Es sind Pappteile, die anfangs kein klares Bild ergeben. Nach etwa acht bis zehn Stationen habt ihr schon eine ganze Menge davon. Frau Winter schlägt vor, sich in eurem Klassenzimmer zu versammeln und sie zusammenzusetzen.

Puzzle mit Überraschungseffekt

Alle Kinder setzen sich erwartungsvoll im Kreis. Ihr breitet die Pappteile auf dem Boden aus und beginnt, sie wie ein Puzzle zusammenzufügen. Noah entdeckt ein Stück, das wie ein großes „S“ aussieht, Clara findet ein Eckteil mit einem bunten Stern, Felix probiert, Kanten aneinanderzulegen. Du suchst konzentriert, wo Teile mit Schrift auftreten könnten.

Nach einigen Minuten habt ihr die Konturen fast vollständig. Es bildet sich ein großes Bild: Ein bunter Regenbogen, darunter die Silhouette eines Schatztruhen-Symbols. Und groß in der Mitte steht:

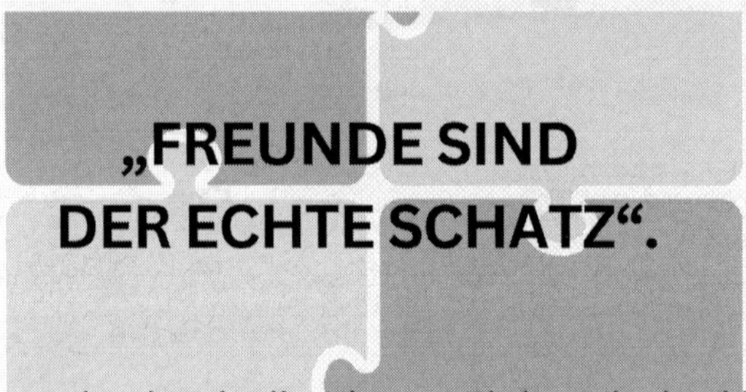

Ein Raunen geht durch die Klasse. Einige Kinder klatschen begeistert in die Hände, weil das Motiv so farbenfroh ist. Anderen wird ganz warm ums Herz bei der Botschaft. Frau Winter wirkt ebenfalls berührt. „Was für ein wunderschönes Puzzle – und was für eine tolle Botschaft!“

Noah stupst dich an und flüstert: „Glaubst du, das war schon alles? Oder kommt noch was?“ Kaum gesagt, tritt Frau Winter vor und sagt: „Hier ist noch ein Brief, Kinder.“ Sie öffnet ihn vor euren Augen:

„Herzlichen Glückwunsch,
ihr habt den Weg vollendet!

So wie die Schultütendetektive
in den letzten Wochen jeden Fall
gemeinsam gelöst haben,
zeigt auch ihr als Klasse:
Zusammen ist man stark.
Darum findet ihr den ‚wahren Schatz'
ab jetzt in eurem Klassenschrank.
Viel Spaß und bleibt weiter neugierig!

– Euer geheimer Helfer"

Eure Klasse stürmt auf den Schrank zu, den Frau Winter gerade aufschließt. Darin steht eine große, hölzerne Truhe, liebevoll bemalt mit Regenbögen und bunten Blumen. Staunend hebt ihr den Deckel: Darin findet ihr für jedes Kind einen kleinen Stoffbeutel. Darin wiederum sind bunte Steinchen, die aussehen wie Edelsteine, aber wohl nur Glassteine sind, dazu Süßigkeiten und ein kleines Notizheftchen mit dem Logo der Schultütendetektive (Lupe und Schultüte).

Die Kinder kreischen vor Freude. Manche stürzen sich sofort auf die Süßigkeiten, andere streichen über die Glassteinchen, als wären es echte Schätze. Dein Herz geht auf. Was für ein herrlicher Abschluss all eurer Abenteuer!

Die Wirkung des Schatzes

In den folgenden Stunden nimmt sich Frau Winter Zeit, mit euch darüber zu sprechen, was euch in eurer ersten Schulzeit alles Spannendes begegnet ist. Sie lobt ausdrücklich, wie ihr Detektive immer ein Team wart und nie aufgegeben habt, wenn etwas seltsam erschien.

Noch am selben Tag klopfen Lehrer aus anderen Klassen an die Tür und gratulieren euch zu eurem „offiziellen Schatzfund“. Manche haben Tränen in den Augen, weil sie es so schön finden, wie ihr als Erstklässler – mit Unterstützung aller – so weit gekommen seid.

Du blickst auf das Puzzle, das ihr jetzt an der Klassenzimmerwand aufgehängt habt: „FREUNDE SIND DER ECHTE SCHATZ“. Und tatsächlich, in diesem Moment spürst du, dass die tollen Erlebnisse und die Freundschaften, die dabei entstanden sind, viel mehr wert sind als jeder glänzende Edelstein.

Am späten Nachmittag, als die Schule fast leer ist, sitzt du noch mit Noah, Clara und Felix auf euren Plätzen. Ihr wollt den Moment genießen. In Gedanken geht ihr all die Fälle durch: Die Flaschenpost, der Kellerraum, die Pausenbrotdiebe, die Spuren im Musikraum, die scheinbaren Spukgeräusche in der Turnhalle... Jeder Fall hatte seine eigene Spannung und am Ende eine Erklärung.

„Ich frag mich trotzdem, wer unser ‚geheimer Helfer' ist", sagt Clara leise. Felix nickt. „Wahrscheinlich eine Mischung aus Lehrern oder vielleicht ein Elternbeirat. Oder die Idee kam von Herrn Meier, der die Arche-AG noch kannte." Noah grinst. „Na, vielleicht ist es besser, wir wissen es nicht. So bleibt immer ein Hauch von Geheimnis..."

Du lachst. Ihr habt ja ein ganzes Schuljahr vor euch und noch viele Jahre Schulleben. Sicher werdet ihr weitere Abenteuer erleben – ob Detektivgeschichten, neue Rätsel oder ganz andere Projekte. Und für dich steht fest: Du bist nie allein, wenn du deine Freunde um dich hast.

Mitmach-Rätsel: Knack den Geheimcode!

Kannst Du dieses letzte Rätsel lösen?

19 – 3 – 8 – 21 – 12 – 20 – 21 – 20 – 5 – 14 – 4 – 5 – 20 – 5 – 11 – 20 – 9 – 22 – 5

Schreibe das ganze Alphabet auf und dann gib jedem Buchstaben eine Zahl. A ist 1, B 2 und so weiter.

Los gehts, du Detektiv!

1 2 3

A B C D E F G

H I J K L M N

O P Q R S T U

V W X Y Z

Im nächsten Morgenkreis zeigt ihr stolz eure Glassteinchen und Notizhefte. In die Heftchen könnt ihr eure kleinen Beobachtungen schreiben oder eigene Rätsel entwerfen. Einige Kinder möchten selbst Detektiv spielen, auch in anderen Klassen bilden sich kleine „Rätsel-AGs". Ihr habt offenbar einen Trend gesetzt!

Noah schlägt vor, dass ihr das Logbuch der Arche-AG aus dem Keller mal kopiert und als Inspiration in der Bibliothek auslegt, zusammen mit euren eigenen Erfahrungen. Frau Winter findet das klasse und plant, eine kleine Ausstellung zu gestalten.

Währenddessen malst du dir aus, wie ihr in ein paar Jahren vielleicht noch mehr solche Entdeckungen macht. Neue Erstklässler werden kommen und ihr könnt ihnen von euren Geschichten erzählen, um ihnen zu zeigen, dass Schule ein Ort voller Abenteuer sein kann.

Irgendwann neigt sich der Schultag dem Ende entgegen. Du räumst deine Sachen ein, wirfst einen Blick auf die bunte Schatzkiste im Klassenschrank und lächelst. Dann blickst du zu Noah, Clara und Felix, die ebenfalls strahlen. Ihr habt gemeinsam viel erlebt, seid an den Herausforderungen gewachsen und habt immer zusammengehalten.

Mit einem letzten zufriedenen Seufzen denkst du an den Satz: „Freunde sind der echte Schatz." Und genau so ist es.

Vielen Dank fürs Lesen!

Hinweis vom Verlag: Hast du ein beschädigtes Buch erhalten?

Melde dich unter kontakt@impulsverlag.net und du erhältst ein neues, kostenloses Exemplar von uns!

Liebe Leserin, lieber Leser,

nun hast du die letzte Seite dieses Buches erreicht.

Hoffentlich konnte es dich unterhalten, fesseln und zum Nachdenken anregen.

Danke, dass du deine Zeit und Energie in dieses Buch investiert hast.

Deine Meinung zählt!

Wie hat dir das Buch gefallen?
Was fandest du gut?

Rezensionen sind für Autoren unglaublich wichtig. Sie helfen, Bücher zu verbessern und zu verstehen, was Leser und Leserinnen mögen.

Daher wäre es großartig, wenn du dir ein paar Minuten Zeit nehmen würdest, um eine ehrliche Rezension zu hinterlassen.

Unser Verlag freut sich außerdem über jede E-Mail von dir.

Hast du Verbesserungsvorschläge, Kritik oder Anregungen? Oder möchtest du einfach nur mal plaudern und dich vorstellen?

Schreib uns einfach an:
kontakt@impulsverlag.net

Weitere Leseinspiration findest du hier:

TikTok: impulsverlag

Impressum:
Impuls Verlag
Anika Pätzold
Pfalz 4
34414 Warburg-Menne

Printed in Germany
by Amazon Distribution
GmbH, Leipzig

35502455R00108